傳融法師開示錄

淨土心要1

普勸同生西方

生死苦海唯佛能渡，欲求解脫唯依念佛求生淨土，
全心投入彌陀願海，一心歸向極樂淨土。

傳融法師——著

淨土心要

念佛僧傳融題

傳融

◎◎淨土心要—

◎◎傳融法師開示錄—目錄—

阿彌陀佛

阿彌陀佛

阿彌陀佛

阿彌陀佛

阿彌陀佛

阿彌陀佛

阿彌陀佛

阿彌陀佛

阿彌陀佛

阿彌陀佛

阿彌陀佛

阿彌陀佛

阿彌陀佛

阿彌陀佛

阿彌陀佛

阿彌陀佛

阿彌陀佛

阿彌陀佛

阿彌陀佛

阿彌陀佛

阿彌陀佛

阿彌陀佛

阿彌陀佛

阿彌陀佛

◎◎願一切功德，迴向西方，莊嚴淨土
願同念佛人，同生西方，成佛度眾
阿彌陀佛，阿彌陀佛，阿彌陀佛。

阿彌陀佛

西方明路

念佛僧傳融題

阿彌陀佛

念佛僧傳融敬題

傳融

念佛

念佛僧傳融題

歸西

念佛僧傳融

傳融

題

念佛光明

念佛僧傳融題

心歸淨土

念佛僧傳融題

悟無生忍

念佛僧傳顗題

念佛光明
惟道為貴

念佛僧傅融題

佛

清淨覺醒
無貪無着
悟法無生
如如不動

萬般計較終是苦
恩情名利總歸空
一句彌陀度生死
一生苦行超億劫

念佛僧傳融題

念佛心
光明自在

念佛僧傳融題

順樂清閒念佛
苦逆覺悟念佛
生死都在念佛
臨終見佛成佛

念佛心
即是佛

念佛僧傳融題

覺悟世間無常

誓證念佛三昧

念佛僧傳融題

淨念相續
一塵不染

念佛僧傳融題

全心念佛
直往西方

念佛僧傳融題

生死極苦
生大怖畏

念佛僧傳融題

靈明覺照
萬境不動

念佛僧傳融題

眷屬恩怨
時時厭離

念佛僧傳融題

順境觀無常
惡逆觀苦空

念佛僧傳融題
傳融

平凡清閒

念佛為樂

念佛僧傳融題

是心是佛
是心作佛

念佛僧傳融題

身心放下
勉期取證

念佛僧傳融題

斷情離愛
逍遙自在

念佛僧傳融題

一念覺悟
虛空粉碎

念佛僧傳融題

常做臨終想
痛切念彌陀

念佛僧傳融題

萬境不動
眾說不移

念佛僧傳融題

覺悟放下
安樂自在

念佛僧傳融題

厭離濁世
求生淨土

念佛僧傳融題

寂然無念
淨念相續

念佛僧傳融題

全心何佛
老實念佛

念佛僧傳融題

無住真心
非空非有

念佛僧傳融題

佛來接引

念佛僧傳融題

華開見佛

念佛僧傳融

傳融

題

念佛

說食不能飽
空談誤大事
老實念彌陀
悟入如來智

念佛僧傳融題

佛心

傳馳寫心要
下筆如湧泉
全是自性寶
猶如數家珍

念佛僧傳馳題

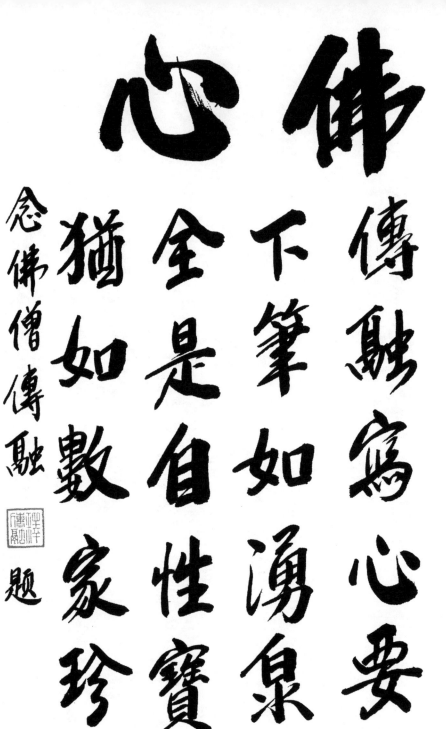

本願

一次開示
堅定念佛
終生隱居
決不多講

念佛僧傳馳題

憶佛

見者大歡喜
堅定念佛心
全是自家人
相約同歸西

念佛僧傳馳題

不顧一切
只為念佛

念佛僧傳融題

安貧守道

念佛僧傳融題

誓死念佛

念佛僧傳融題

念佛

迷也阿彌陀
覺也阿彌陀
西方在眼前
從來不離心

念佛僧傳融題 76、4、1午時

願生西方
同成佛道

念佛僧傳融題

蓮池海會
決定相會

念佛僧傳融題

生死苦海唯佛能渡，欲求解脫唯依念佛求生淨土，全心投入彌陀願海，一心歸向極樂淨土。

世間無常，一切都是苦的，什麼都沒有用，惟依念佛光明解脫，徹底覺悟世間無常，深信念佛光明解脫，身心萬緣一切放下，單提一句阿彌陀佛，二六時中，念念不斷，直念到臨終佛來接引，一生佛土，一切清淨，直至成佛得大解脫。世間無常，生死極苦，眷屬恩怨反臉無常，天下男女一般臭，心思顛倒，滿身臭穢，全是騙人害人的東西，和尚

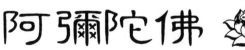

大智慧，徹底看破，厭到極點，徹底遠離，全心念佛，直往西方。

世間一切五欲六塵，俗情眷屬，男女貪愛，都是苦的，空的，無常的，一切都是緣生緣滅，幻化無常的，凡夫迷惑顛倒，才會貪求世間幻境，既是無常不實之假相，當然求之不可得，愈求就愈苦，欲求解脫，惟有放下，有求就有苦，無求即自在。當自覺照，生命亦是生死無常的，命都保不住，況身外之物，臭穢不淨，無常之物，有何可求，丟掉都來不及，有何可愛。

對世間厭到極點，就到西方了，上根利智，具大願力，全心向佛，一心求道，爲求佛道，全心投入，放下一切，不顧一切，刻苦歷鍊，誓成正覺。

心無一物不取不捨，任世變修吾道，厭離世間求生淨土，念佛心即是佛，念佛決定見佛成佛，佛性清淨一塵不染，住有固是凡情，執空亦是顚倒，惟明心見佛性的大智慧，才能常行中道事理圓融，初覺初學道友未明自心不可妄談妄測，若不達理，但依事相死心踏地老實持名念佛，只要厭離苦海世間，欣

阿彌陀佛

向西方極樂淨土，二六時中，行住坐臥，閒忙動靜，念念厭離世間苦，念念欣向西方樂，決不攀緣決不貪染，要從自心眞實覺照，老實念佛，若能如是信得眞照得密，全心歸向西方淨土，盡此一生，極力念佛，直至佛來接引，念佛之心不受俗情萬境所動，念佛之願不變不改，臨終決能清淨正念，心佛感應，蒙佛接引，往生西方，受大安樂。念佛三昧非同小可，必須具大善根，大智慧，大願力，若上根利智，久修大乘菩薩，眞智明照，能看破世間如夢之萬境，照見諸法無常一切皆空，深信阿彌陀佛智慧光明大悲願力，極樂淨土清淨勝妙利益，一心願生淨土，親近佛陀，聞法修行，永不退轉，直成佛道，如佛本願，廣度衆生，如是大智力，一照萬境空，如是大願行，一發不可動。

依大智力發大誓願，具大悲心，此願一發，即放下身心，不顧一切，捨身捨命，誓證念佛三昧，必以畢命爲期，不證三昧不開口，不了生死不下山，大智大願眞實放下，必然萬緣不動，萬境空寂，二六時中，惟有一句

阿彌陀佛

阿彌陀佛，淨念相續，綿密不斷，自覺全心投入彌陀願海，一心歸向極樂淨土，日久功純，念極情亡，因緣成熟，淨念現前，心空自在，徹見佛性，開大智慧，心歸淨土。大悟親證之後，必須從體起用，繼續念佛用功，依理覺照，無論如何艱苦歷鍊，時時厭離世間，全心念佛求生淨土，求佛加被，歷境驗心。

只要自己眞心向道，至誠念佛，決定蒙佛加被，修行鍊心雖非常艱苦，前途是一片光明。

念佛貴在念念清淨，念念覺悟，此是理體，念佛貴在厭離娑婆，求生淨土，此乃事相。古人云有禪有淨土，若或禪淨雙修，就是指大修行人徹悟體性，稱性念佛求生淨土，念佛悟理即是禪，念佛生西名爲淨，或修禪人見性即是禪，悟後念佛生西名爲淨，禪以悟理爲先，淨土以勝妙安穩爲依歸，念佛若未悟理，未證三昧，往生品位低，但雖不見佛，而已出生死，這全仗佛力攝受方有此大利益。念佛人要深念佛恩，感念佛陀恩德，末世眾生業障深重，善根淺薄，信心尚不堅

阿彌陀佛

定，欲仗自力見道、修道、證道了脫生死，實不可能，佛陀慈悲開示淨土法門，能仗佛力接引往生佛土修行安樂清淨，聞者若不信行眞是業重死漢，自願受生死苦，眞是痴人愚輩，不信佛示必受大苦。傳融好慶幸，願力光明深信淨土，今生決往西方，誓成佛道，從小聞佛歡喜，常念佛、念觀音聖號，年十七時，一入佛寺，如歸故鄉，一聞淨土，如得至寶，歡喜踴躍。從出家後廣閱佛經祖語，一心念佛，一日豁然貫通，縱橫無礙，從此念佛心如如不動。世間眾生無論男女，只要心一顛倒，我就厭到極點，徹底遠離，不須等他造業，心念俗情，邪惡顛倒臭穢，逃不過和尚慧眼，一眼徹底看破，徹底覺悟。慧眼照世間，身現出家，心染五欲，貪念俗情，身假用功，心常顛倒，只有外表，不切實際，口説清淨，心思邪惡，以俗爲伍，心無道念，只有空談，無眞道心，心攀境相，全無正念，求人貪境，百般計較，不信佛法，心不老實，如是邪惡顛倒眾生，傳融徹底看破，厭到極點。佛法的厭離心，是眞修實證的覺悟力清淨心，無分別、無人我、離是非、絕恩怨、無所求的清淨願力，清淨如如。雖厭到極點，而心光明不動，看得破、照得空、無所求，心自在，才能成就清淨不動的厭離心，厭到極點就是不取不捨的佛心，念佛人能成就此厭離心即成就淨業，決定往生上品。

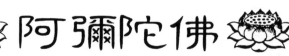

厭離心：是不被萬境所動，不被邪說所惑的大智慧，是一厭一切厭，一空一切空的大自在境界，念佛人成就厭離心，能時時看破世間、厭離塵勞，全心向佛，清涼自在，直往西方，如如不動。念佛功夫，全在內心的覺

悟厭離，才能離妄想、生正念。若身禮佛，口念佛，而心顚倒，雖終日靜坐，亦是無益之苦。修學佛法，貴在內心眞實放下覺悟。佛法苦行，亦全貴內心的覺悟放下，若內心有一毫貪染之心，所修苦行皆是邪道，念佛人切記，時時厭離五欲俗情，遠離邪師惡友，凡不信佛正法，不信淨土就是邪師，凡不老實念佛，心攀俗情，心不堅定就是惡友，明師善友貴在內心的智慧清淨信願念佛，決不可以凡情妄測聖智，必須以眞誠心求道，才能感應善知識，因爲眞具智慧之善

阿彌陀佛

知識，自在無所求，平凡無所表，眾生有誠才有應，若無誠心，道人決不動不理，道者無所求，心動即是攀緣，心不動是隨緣，不動無求則可自度度人，妄動攀求則自他不得度。

傳融發願，以念佛心自度度人，盡此一生，極力念佛，決不為人忙，迷者貪戀，顧了恩情，毀了道業。世間無常，人情世故，物質外相一切都不重要，念佛人惟有念佛重要，其他一切放下，傳融為安穩念佛全心投入，才讓弟子親近，護持師父修行，自己同時慢

阿彌陀佛

慢薰修。念佛全憑自己善根誠心，修不修，一切放下不理，傳融無所求，全心向佛，眞心求道，只要衣食生活安穩，就全心投入，一心念佛，直往西方，你放不下我放下，你不念佛我念佛，一切放下，一切厭離，管他什麼修不修，傳融大願力，心空一切，全心念佛，無人能動。若眞有善根，一聞淨土即深信，一信即發願往生，自然不貪世物，厭離俗情，老實念佛，求生淨土。眞能如是眞修實行，就是多善根多福德，具此清淨因緣，決定蒙佛接引，今人念佛多不得往生，

阿彌陀佛

是信不堅，願不切，放不下，貪染顛倒，一味只求世間小福，修小善，喜好攀緣，心思散亂，行持不專，口雖念得幾句佛名，心貪塵勞念念難捨，如此俗情太重，心思太雜，念佛自不得力。若真覺悟世間苦，常做臨終想，痛切念彌陀，心想若不生淨土，死必墮三途受無量苦，深信生死眾苦，發大勇猛大怖畏，其心必切，其念必專。

世人只因生死心不切，若離苦心切，求生心切，則必厭離五濁惡世，隨各人宿世善根深淺，必得成就淨業，決定蒙佛接引。念佛人

阿彌陀佛

平日盡管眞心持名老實念佛，若淨業成熟往生時至，自能決定見佛現前，臨終佛現，乃佛本願力，念佛人不可生疑，只要保持念佛求生之正念，則佛力心力感應道交，一路光明往生西方。至於平日有境無境，見不見聖境，都勿張聲，勿散亂，無論有境無境，都要默默念佛，相續不斷。臨終正念念佛見佛，往生淨土，才是最大目的，才算淨業成功。念佛求生之念是正念，其他一切都是妄念。

不見他人過，就是老修行，不見並非不知不

阿彌陀佛

見，而是眼見心不動，深信因果報應，他人造業自有果報，道人心不爲人忙，不爲人所動亂，時時觀心自在，不求於人。念佛人，對世出世間善惡因果，邪正染淨，事理性相，了了分明而心常自照，惟觀自心，不管他人，勇猛精進，一切放下。見人造業邪惡，即當覺悟厭離，知不淨即離，離不淨即心常清淨，心淨正好提起佛號清閒念佛，萬不可求人求境爲人忙，世間是惡濁的，無始劫來求到現在永無清淨之日，惟有念佛求生淨土，才是智者所求，心若求境即非眞心念

阿彌陀佛

佛。
情不斷道不成，母親業障太重，終日顚倒貪染俗情，念念貪求傳融是他兒子，應該如何孝順他，如是俗情顚倒，口雖持名，心常貪求，將永墮生死，不得解脫，傳融大智大願，徹底覺悟俗情顚倒，恩怨是非反面無常，惡濁不淨，我盡了慈悲，將念佛法門爲母開示之後，即放下不管他，不理他，隨他去，惟有自己全心投入，念佛解脫，才能自度度人，斷母情根，眾生終日貪染顚倒，不見道人智慧，不知何爲道，只知口頭念佛，

阿彌陀佛

不了心地眞念佛。智者念佛全在內心覺悟放下斷情離欲，外表隨緣，心常清淨，外表平凡清閒，內心正念覺照。

借境鍊心，歷緣磨鍊，乃上根利智大徹大悟之後的修行工夫。迷惑凡夫終日顛倒，一對境就迷惑，那有本事鍊心，大智大願的修行人，對境時時覺照，看得破，照得空，雖有宿習，一轉即空，愈對境心愈光明，定慧愈深厚，有事無心，對境無心，萬境不動，清涼自在。迷者對境，全在俗情人我上貪求計較，智者對境，全在佛法慧照中用功，覺悟

阿彌陀佛

五欲之過患，俗情之大害，生死之可怖，念佛光明勝妙功德，對境歷鍊雖艱苦，鍊光明後，佛號一提光明遍照法喜充滿，念佛人若計較貪求，就是業障重，信根淺，沒有得到念佛法味，若眞信切願老實念佛，厭離世間求生淨土，則生死眾苦一生永斷，西方極樂臨終即歸，二六時中，念念念佛，念佛之樂遠勝一切世物，以光明念佛心，視五欲俗情如浮雲流水，如毒藥糞土，厭離都來不及，有何可愛，無量劫來生死輪迴，就是被俗情所害。照見世間凡夫都在爲人忙，爲眷屬造

阿彌陀佛

業，縱有小孝小善，隨時反目無常，難免恩怨是非輪迴受苦，不得解脫。念佛人，視念佛如己命，必須全心投入。利人修福則隨力隨緣，決不爲人分心，才能成就淨業。今人不解眞義，一味攀緣妄動，只修小福忘失慧業。眞念佛人修福修慧自度度人同一眞心，即福慧圓修、自他不二，修福布施而心不動不求即是福中之慧，修慧念佛而發菩提心願成佛廣度眾生即大福德，自己放下萬緣，精進念佛即是自修，若遇有緣有心求道者，以大智慧爲人解惑，慈悲喜捨即是利他，世人

阿彌陀佛

無智，不明佛法眞義，雖有淺修，多因偏執淺信，而一事無成，皆因未得善知識，縱遇善知識，因業重根淺，難生信向，終日苦惱。今世出家學人，就是沒有離情斷愛刻苦勇猛的道心，所以身雖現威儀都是騙人的，既無眞修實證，所說之法都是邪見顚倒，誤人害人，實在可怕。末世眾生欲求佛道，有志修行者，當至誠依佛聖教老實念佛，若無善知識可親近，最好在道場做個閒道人，不聞不問，不動不管，邪師惡友徹底遠離，常看佛經，及祖師開示，但要眞信切願，依教

阿彌陀佛

修行，不用東奔西跑，聽了邪師說法，自己又沒智慧，被人所惑轉加疑難，念佛多清閒多自在，何必奔波自惹煩惱。念佛人切記，學佛最切要在於開智慧斷煩惑了生死，而了生死最緊要在於念佛生淨土，若尚空談不念佛往生，則己事未了，空談無用。眞得生西，成佛度眾，則大事圓滿，萬恩齊報，能談能行才是眞智慧，心有一念顛倒貪染之心，就會終日攀求妄想不止，造業受苦，爲他人忙，眞心念佛人，覺悟世間無常，心常厭離，無欲無求，淨念相續，生活外表隨緣而心常正念不動，心有貪染則一切念皆是妄念，心無貪染則一切念皆是正念，正念者：即身心放下一心念佛往生成佛之念，無念清淨心是無妄念非無正念，念佛人心空萬境無貪無求即全妄歸眞，以無求清淨智求生淨土成佛度眾，即是無求心體之大用也，清淨無住之佛性非空非有，凡有所住皆是妄想，一切無住才是眞如本性，老實念佛生西，體用一如，事理圓融才是眞智慧眞受用，念佛人要深入體悟厭離心的功德妙用，無欣無厭眞如本體，欣厭念佛是眞如相用，本體之理惟見性方知，凡愚不可妄測，若無心空一切的智慧，應當老實念佛，從事相上真實用功。學佛無論修何法門，見道、修道、證道爲宗旨，只因末世眾生根淺障重自力不得解脫，惟有念佛仗佛願力接引往生淨土永不退轉，西方境緣殊勝安樂自在，一定要極力念佛，力求往生。世間無常，千磨萬鍊實在太苦，徹底覺悟，徹底厭離，全心念佛，直往西方。

問：爲何打了多次精進佛七，未得三昧：

師示：精者不雜，進者不退，精進在心，不

在外相。現世佛七並未達到精進標準，且自心沒有眞實放下，心未專精，道場雜亂，如何得證。

問：如何念佛，可證三昧。

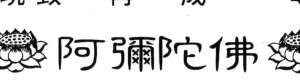

師示：念佛三昧乃大禪定大智慧，若善根成熟久修大乘，深信切願，勇猛精進，全心投入，則一念放下即證三昧，再復精進相續，因緣成熟，豁然心空，淨土現前，大徹大悟，得大解脫。致於初學念佛，但求老實念佛，無論現世能否得證，皆當極力念佛，不可懈

怠，不可強求，平實念去，日久見功。

問：念佛人應看教否，現世道場法會多而煩人，念佛人當如何應變。

師示：教即是理，眞理在悟，不在文字，更要切記行解並重，信受奉行的道理，若眞修行則理愈明，行愈精，行解相應必能全心投入，圓信圓解，通融無礙。看教貴在深解眞義，死記無用，如彌陀經旨在執持名號一心不亂，金剛經旨在觀照諸法如夢如幻，利根念佛人不只信願念佛，更依大智願深入覺照，這就是即念反觀，有事有理。親近善識旨在聞法解疑，念佛人應親近念佛明師，若盲目無則，妄動亂跑俗場，自他無益，不可妄動。

問：想念佛生淨土，但心依舊散亂，如何對治。

師示：念能一心乃善根成熟故能不亂，散亂不一，是業重根微，念佛人仗佛本願力，現生未證一心亦可生淨土，但要極力念佛信願眞切，若眞有離苦之心

阿彌陀佛

求生之願，臨終不亂即得生西。

問：想念佛但色欲難伏如何用功。

師示：念佛人以念佛爲正行，種種苦行爲助力，欲念起時當觀不淨，不可夜食，若能看破男女邪惡臭穢，顚倒愚痴，騙人害人，如是覺悟厭離，則男女音聲色相全然無用，丟掉都來不及，有何可愛。要須極力念佛，日久功深慧顯，一照即空，不爲所動。

問：念佛之法請師開示。

師示：修行各有善巧，各有方便，念佛亦

然，眞信佛力，願生淨土，老實念佛，成佛度眾，是念佛修行宗旨。根本堅定了，怎麼念法都自在，四字六字，唱默行坐，大聲小聲，觀禮快慢一切無礙，但不淨處宜默念，靜坐宜金剛念。眞念佛要念得清涼自在，念得光明解脫，念得法喜充滿。

問：念佛要迴向否，如何迴向。

師示：迴向即發願，念佛人一聞淨土深生信向，面向佛像，若無佛像向西方，至誠發願，深信念佛，願生西方，成佛度眾。此願眞實，此願一發，一切時中全心向佛，時時不離本願，不違本誓，再加每日早晚至誠發願，做爲加行，發願之文隨己，但依念佛生西，成佛利生爲大旨。

問：請示師父，如何靜坐。

師示：念佛人行住坐臥不可間斷，靜坐乃修行方便，宜專注，只要坐得正坐得安穩，就要萬念放下，全心內照、專精念佛，每一呼氣，即念阿彌陀佛，萬不可在身體形相上計較分心。時間長短不可死執，定在心不在身，坐累就起坐經行念佛。念佛貴在內心的堅定專精，外表一切都可隨緣，外相無益苦行，凡夫都做得到，不得眞三昧有何用。

問：幸聞淨土法門，但念佛心不能定，該如何。

師示：修行當然艱難，念佛亦然，欲得禪定談何容易，念佛是修行的方法一聞便知，一心不亂乃修行之工夫果得須歷劫苦行，勇猛精進方證。初學不可心急，但須極力念佛，平實用功，日久自定。

問：修淨土人如何能戒行清淨。

師示：戒者不造惡業，迷惑眾生心一顛倒就隨時造惡業，念佛人徹底覺悟造業受苦的根源，極力念佛清淨自心，凡夫心中無佛，貪染世間，沒有覺悟輪迴苦，故念念貪求造業受苦，眞念佛人一心求出生死，願生淨土，眞實看破，時時厭離五欲塵勞。心既厭離就不顛倒，不顛倒不迷惑自然不造惡業，攝心清淨，眾戒莊嚴，世人口説戒説禪，而心實無戒無禪，沒有眞誠求道之心，空談何用，世間惡濁，六塵惱人，若眞有道心欲持淨戒，自會極力念佛求生淨土，一生淨土一切清淨，得大法益。

問：能親近善知識，如暗路明燈實在可貴，但要親近師父很不容易？

師示：親近師父念佛不簡單，師父是大智大願力的念佛僧，萬境空無所求，全心向佛，眞心求道。弟子若有絲毫虛僞

阿彌陀佛

顛倒，師父就會厭到極點，但若誠心老實念佛，縱有習氣亦易親近。念佛貴在信願眞誠，雖有習氣仗念佛功德力日久即能清淨，道友貴在內心的堅定，不得在外相習氣人我上分別計較，才能得眞實法益，師父雖厭到極點，同時亦慈悲讓弟子慢慢薰習，從不求人，修行如滴水穿石，急之不得，亦如鑽木取火，放逸不得。師父願力同阿彌陀佛一樣，誠心能感應師父，才能感應阿彌陀佛，實非易事。

問：請師父開示念佛事理一心境界。

師示：念佛念到深入禪定，不被五欲六塵之事相外境所動亂是事一心。念佛念到明心見性開大智慧，不被空有二邊之邪理所動亂，是理一心。

問：念佛人要不要兼誦經咒。

師示：法門愈專愈妙，愈精愈不可思議，念佛人要深信念佛光明解脫功德，信要深信圓信，信到如如不動，信到一念單提，當然這是利根大智才作得到，若己根鈍不明眞理，應從事相上放下

阿彌陀佛

萬緣老實念佛，長養善根，若利根上智一聞千悟，可廣閱大小乘經典及歷祖語錄，以深明善惡因果，事理性相，凡聖修證之道理，才能使信心達到堅定不動圓融無礙境界，不但不受六塵所動，且更不受其他法門所動。一法總攝一切法，一門圓通一切門，眞理既明，誓必全心投入，專精念佛。看教旨在明理，念佛旨在解脫成佛，智者專精堅定不動，愚者雜亂妄動不堅定，佛說一切法門本自圓通互融，修行不得益，乃自己業重多疑，不堅定，塵勞未放下，行持不專一，終日為人忙，俗情常顛倒，是故不得益。

問：念佛心難定，可否先參禪或誦經咒。

師示：信願要堅定，行門要專精，無論修學那一法門，都應遵此理。念佛人時時厭離世間苦，欣向西方樂，專精念彌陀，日久功深，深切體悟念佛功德清涼自在的法味和阿彌陀佛大悲願力，一得眞法味，堅定不可動，一切百萬

阿彌陀佛

門，不出念佛心，光明念佛心，具足一切善淨功德，非真心念佛人，實難測度。

問：師父大智大願專精念佛，真是眾生明燈，但眾生業重，雖聞法要，不生信向，師如何？

師示：傳融本願，以念佛心自度度人，念佛心就是靈明覺照光明不動的清淨心，萬境不能動，眾說不能移，一切放下，一切隨緣，肯信肯修；是自心善根，不信不修是自己業力，解脫生死自心自度，師不動。

問：念佛人會不會著魔，如何對治。

師示：眞心念佛，全心是佛，如赤輪當空，光明遍照無暗不消，光明一照黑暗頓消，彌陀一念萬境空寂，念佛心仗佛威神光明攝受，前途一片光明，不可思議，惟眞心念佛人自知，他人莫測，若有魔事是發心不眞，心有貪著，應痛切懺悔，眞為了生死求生西方，老實念佛，信願眞誠，自蒙佛加，一切光明，楞嚴經所講種種魔障，皆因眾生一念貪染顛倒，故墮魔外，念佛人，念念厭離世間，心歸淨土，念念是佛，淨念相續，最光明最穩當。

問：淨土法門，與他宗法門，有否相礙。

師示：事雖千差，理無二門，若論反妄歸眞之理，則一切禪淨皆同以見性斷惑爲宗，若論福德因緣之事，則惟仗佛力才能穩當，淨土難在佛力難信，智者深信故得往生，永不退轉，他宗難在自力不足，縱然大悟，尚易退墮，理雖融通，事有難易，愚者不自量力，故生死輪轉千苦萬難，極樂淨土之勝妙安樂，實是一切修行佛子的依歸，惟有常不離佛，才能決定成佛，若佛子誹謗他宗，就是不明圓妙眞理，智者深明佛法平等，清淨無住，自然如如不動。有志同道合，可相互勉勵，增長信心，若業重不信，一切隨緣。

問：請師父慈悲，開示弟子念佛修行法要。

師示：修行以念佛最光明，最穩當，這不但

阿彌陀佛

是師父深悟的眞理，也是佛陀及歷代祖師所開示修道的明路，念佛人應依佛經祖語爲明燈，依教奉行。

問：師父平日如何念佛，如何開示弟子念佛。

師示：師父本願，一生畢命爲期，心空一切，全力念佛，以德化眾，不願多講，末世眾生，惡習太重，業障太深，俗情我見都放不下，百般計較，念念貪染，那有誠心聽師開示，師父是大願力的念佛僧，厭離一切，全心投入，捨身求道，生死都不顧，那有閒功夫跟他們囉嗦，眞有誠心感應師父，一聽開示就依教修行，沒善根開示也無用，師父可厲害得很，慈悲開示一次，觀察弟子沒誠心，沒有依教奉行，師父就厭到極點，是生是死隨他去。師父一出家就發大誓願，誓證念佛三昧，一定要自己先解脫，才隨緣接引眾生，此願眞實，無人能動，師父是平凡的修道人，也沒什麼大道理好開示，師父只是深信念佛解脫功

阿彌陀佛

德，深信彌陀大悲本願，深信極樂淨土依正莊嚴勝妙利益，盡此一生，無論如何艱苦，捨身捨命都要去西方，親近阿彌陀佛，師父全在心地用功覺照，覺悟世間苦空無常，深信念佛光明自在，二六時中，念念厭離世間苦，念念欣向西方樂，決往西方，誓成佛道。

問：弟子習染太重，要如何清淨。

師示：大善根，大修行，一念覺悟放下即是佛，即是道，念念覺照，對境不惑，即是修行，小善根，業重眾生，門路都摸不到，應從事相上，老實念佛，種種苦行，對治習氣，直到信心不逆，不貪染，不計較，我見我愛全放下了，才有能力提起正念，覺照念佛。佛法苦行，貴在內心的放下，外相苦行是助緣，習染太重，要假借外相苦行，千磨萬鍊。

問：請示師父，何謂外相苦行。

師示：外相苦行，宗旨在對治貪染心：1.捨盡所有錢財物質2.遠離所有親眷俗情，若身雖出家，與道友有俗情計較，一樣要斷3.將衣食日用，一切物質，減到最低限度，僅能維持身命4.做常住三寶事，一切決無計較。所謂佛事，是爲成佛修福修慧而做的事，是自己的事，若有絲毫貪染之念，就是俗事，就是他人的事。就是爲身累，爲人忙。

問：請示師父如何了生死。

師示：念佛生淨土，即可了生死，但一定要念到一心不亂，才有決定生西的把握，未證三昧，乃至臨終信念，亦得生西，但無決定把握。念佛人，若眞生死心切，願生西方，當盡此一生，專精極力念佛，往一心不亂的目標精進。

問：廣結善緣，與不思善惡，如何圓融。

師示：廣結善緣，旨在發菩提心，自利利他，不計較，不惱眾生，慈悲喜捨，隨緣度眾，決非叫你終日攀緣，只爲人忙，忘失慧業，不思善惡，就是放下萬緣，剋期修證，證入無我，才能

阿彌陀佛

廣結善緣。

問：佛法的慈悲，很難體悟，請師父開示。

師示：慈悲發自大智慧，若無智慧，非真慈悲，這更顯示未能自度不能度人之理。因爲沒眞智慧，必有貪染，心常迷惑顚倒，口雖說法，心不解義，不能解人疑惑，身雖行善，心有所求，不能度人出苦，念佛弟子應眞修實證，切莫空談，害人害己。

問：修淨土，要不要做早晚課。

阿彌陀佛

師示：專精念佛人，二六時中，一句佛號綿密不斷，那有早晚之分，為防初學懈怠，可隨眾共修，但共修功課，應專念阿彌陀佛，不可雜亂。

問：念佛是念四字，或是六字。

師示：若共修，可隨緣念六字，人多易亂，念六字易合音故。若自修，則專念四字，獨自清閒，念四字精簡，易攝、易持、易專故。靜坐宜念四字。

問：如何才能得一心不亂，決定生西。

師示：眾生一聞淨土，一心信向，平日深信

阿彌陀佛

切願，老實持名，日日時時，不可間斷，日久功深，善根成熟，看破塵勞，毅然放下，全心投入，專精念佛，此時自覺萬緣寂寂，惟有念佛之聲，充滿身心世界，萬念不生，惟有念佛之念，綿密無有間斷，清涼法喜，如如不動，證此事一心就決定往生，若連此一念念佛之心亦空，即證理一心，頓見佛性，必生上品。好可貴喔！

問：念佛人，是否應過午不食。

師示：吾佛大智慧，教人修道，常處中道，無益苦行當遠離，但中道苦行，是助道淨緣，念佛人，一定要持過午不食，而且要徹底清淨，連心都不可動，不可分心，才能全心投入，一心念佛，若午後再吃，等於終日爲食忙，爲身累，那有功夫修行，現世修行人，身見太重，縱有少數持午，沒有眞道心，依然苦惱，持午要持得清涼法喜，不計較，才是眞清淨。

問：念佛人，有無參學必要。

阿彌陀佛

師示：所謂參學，是尋師訪道，求善知識開示，有道心，具慧眼，才能得眞實法益，決非如現世之人，無眞道心，又無慧眼，徒勞奔波，盲目依從，只求世間愚學，不明出世正道，多爲邪師惡友所迷惑。眞心念佛人，生死心切，一聞淨土，眞實念佛，到西方有阿彌陀佛，無量聖眾可親近，多清淨，多殊勝，還是老實念佛，不可妄動，自尋苦惱。

問：念佛人，平日遇境逢緣，如何覺照。

師示：身雖隨緣，心自如如，深悟此理，自然清涼自在，無論常住事，自身事，都應時時覺照，成就厭離心，覺悟力的念佛人，不受俗情所動，不被物質所惑，更不被邪説所移，有事速辦，事畢一心念佛。師父眞心求道，專精念佛，自回山後，極力將常住法會調到最精簡，生活調到最平淡，只有最基本的生活日用，所以常住很清閒，弟子也沒什麼事可作，每日早午兩餐飯，吃飽各自念佛修行，師父深信念

阿彌陀佛

佛光明解脫，心常厭離，即可轉境。

問：念佛修道，要不要學習唱誦儀規。

師示：厭離世間，一心念佛，才能眞實了生死，出家志在念佛了生死，其他一切唱誦儀規，技藝學問，都要徹底放下，單提一句阿彌陀佛直心念去。禪定貴在制心一處，不雜不亂，專注一境，才能開發智慧。念佛修道，若守不住道的根本，終日在枝末事相上執著，永無見道之日。

問：身在做事，心如何攝照。做事算不算

修苦行。

師示：道人做事，與俗人不同，俗人心有貪染，做事奔波，全爲人忙。道人心常正念，隨緣利眾，全修自心。俗人在家，所做一切，只爲眷屬，難免恩怨是非之苦。道人在道場，所做一切，都爲成就自他道業，實是清淨解脫，但大眾均要眞心念佛，這就不簡單了。現世道場，多貪名利，爲人忙，雖是道場，如同俗家，爲俗人做事，就是無益苦行。外相苦行，只是修道

阿彌陀佛

助緣，對治染習的歷程，最根本是內心的覺照，若無覺照的菩提心，便落外道無益苦行。念佛人，無論修何苦行，都要深信切願，老實念佛。

問：修道高僧，是否修頭陀苦行。

師示：頭陀苦行，就是外相苦行，佛法苦行，貴在內心的放下，一切外相均不重要。念佛人，去西方淨土，就是安樂自在。有些高僧修頭陀，自有其善巧功德，有的高僧修安穩行，也有其殊勝方便，隨人願力，沒有定法，無論頭陀、安樂，皆依覺心願力爲根本。

問：眞如心體，本自無念，念佛是否執著。

師示：理體雖空，事相妙有，見性之人，常處中道，不住空有，雖悟無念，無念常念佛，雖悟無生，無生而往生。執與不執，在心非相，凡夫執性廢修，心實未空，覺者性修一如，自在隨緣，凡愚莫測。

問：淨土心要，其義爲何。

師示：淨土，即清淨自性，心要，即念佛清淨自心的法要。現世眾生，根鈍無慧，只知口頭外相念佛，不明心地覺照念佛，如是淺信雜修，只能種種善根，沒有成就。佛法大海，不出六度，六度萬行，皆依智慧為根本，所謂心為根本，就是智慧，若無智照，則所修一切都是邪道。念佛淨土法門，當然是依智慧為根本，念佛人，若無智慧，縱有淺信，決難深信圓信，信願不堅定，行持必雜亂，一聞邪說，信心即退。所謂心要，即智慧覺照，大智慧，照見一切皆空，才能徹見自心淨土，念佛心才能達到如如不動境界。一句阿彌陀佛，非大徹大悟大智慧，不能全提，惟有大智慧，才能將妄念放至無處可放，正念提到無處可提，全提即全放，才能與法身佛，常寂光相應。全提即惟心淨土自性彌陀現前，即金剛經云：不以色見，不以空見，即見如來。現世眾生，根淺業重，有幾人能親證此理一

阿彌陀佛

心念佛三昧，眾生就是業障太重，淨土歷祖才極力弘揚淨土法門，自無智力當生慚愧，老實念佛，但決不可輕視淨土，誤以爲淨土不須般若，現世沒本事開智慧，先求生淨土，一生淨土，永不退轉，終有見性成佛之日。

師父全心向佛，眞心求道，有堅定光明的大智慧，大願力，教理一但通達了，信願一但堅定了，就勇猛精進，全心投入，不顧一切，捨身捨命，誓證念佛三昧，誓願求生西方，無論世間怎麼變，念佛道心如如不動，無論凡夫眾生怎麼誤會誤解，怎麼批評誹謗，傳融念佛求道之心，猶如虛空，如如不動。可憐眾生，邪見顛倒，還自以爲是，可憐眷屬，愚痴臭穢，還想害人，傳融大智慧，徹底覺悟看破，厭到極點，我念佛光明自在，提得起就放得下，看不到師父的大願力，是眾生自己業障，想障礙師父修行，如用火燒虛空，徒自憂惱。傳融大幸，念佛光明，深信淨土，厭離世間眷屬，念佛清涼自在，眾生凡情，豈能妄測聖智，凡夫終日貪染顛倒，如何能見道人智慧，胡猜妄測，就是沒道心，不老實，自己都不堅定，還修什麼。

問：何謂閉關，住山與住寺有何差別。

師示：修行要依止善知識，才不會走錯路，生活應依眾靠眾，修行要獨斷獨行，依眾、指安身辦道，獨行、指道力堅定，念佛人，先須依止明師，堅定信願通達教理，而後才有能力剋期修證。閉關住山只是外相，並不重要，一切隨緣，最要在內心放下功夫，若眞放下，則萬境空寂，若非眞放下，難得眞實益，住寺可借人事磨鍊道心，無智獨修，非常危險。

問：現世念佛人多，往生者很少，爲什麼。

師示：無論修何法門，都要痛下苦心，不經寒徹骨，那得梅花香，今世念佛人，只修人天痴福，沒有出世道心，外緣太多，情念太重，終日與俗人爲伍，

阿彌陀佛

散心雜話，根本就沒有眞心念佛，厭離心不成就，如何能蒙佛接引。所以師父一再開示弟子，欲了生死，生淨土，一定要斷情離愛，不可攀緣，不爲人忙，眞能念念厭離世間，念念欣向西方淨土，盡此一生，老實念佛，不變不改，不動不雜，如是念佛人，就是多善根福德，臨終必然正念分明，心不顚倒，蒙佛接引，往生淨土。

親近師父修行不簡單，一定要知道師父放下

的智慧，厭離心的光明，否則弟子心一顛倒，早就被魔眷屬拖著走，看不到師父了，想親近師父念佛，要相當覺悟，師父自在無所求，誰敢顛倒，就徹底遠離，不理他，惟有念佛清淨心，才能與師父相應，師父所說一言半偈，都是師父眞心念佛所悟眞理，最根本，最究竟的念佛清淨心，弟子依教念佛，決定與師父同生西方，同得解脫，若半句不遵，亦決定永墮生死，受無量苦。出家非兒戲，念佛不容易，不下死功夫，那有便宜事。常看歷代祖師高僧的行持，慢慢領悟

阿彌陀佛

師父的願力。

好慶幸，我們深信念佛光明，今生就要歸西了，大解脫了，念佛好快樂喔，好光明喔。

修行人，如果眞正知因果，明事理，決對生大怖畏，不會造業，一定會放下身心，極力念佛，求生淨土，身心都放下了，還有什麼能動吾心，若説知因果，而還造惡業，就是虛僞顚倒。自作自受。念佛道友，應眞心念佛，不可空談，遇境逢緣，要提起覺照，萬不可求人求境，常觀生死苦，念佛求解脫。

問：念佛人，若見聖境，應如何？

阿彌陀佛

師示：念佛宗旨，在臨終往生淨土，平日無論有境無境，都應淨念相續，老實念佛。

師父所開示的淨土心要，目的在於長養定慧，時時覺照，師父常向佛發願，往生之前，有生之年，若有度眾因緣，一定要全力弘揚淨土法門，廣度眾生，同生西方。時處末世，善知識難遇難逢，邪師說法，惑亂人心，障人修行，使人無所依從。佛法大海，法門無量，又不知依何解脫，師

阿彌陀佛

父悲願弘深，感念佛恩，不違本願，以念佛心，自度度人，同生淨土，願十方世界，一切眾生，聞我念佛，見此淨土心要，信願堅定，念佛光明，同生西方，同成佛道，圓滿菩提，阿彌陀佛，阿彌陀佛，阿彌陀佛。

問：世人常誤淨土為小乘，請師開示。

師示：大小在心，不在外相，若明心地，無住無我，即是大乘。不明心地，有住有我，即是小乘，無論修何法門，能徹見佛性，發菩提心，即是大乘，未見佛性，未發菩提心，即是小乘。念佛人，若現世未見性發心，但能先歸淨土，永不退轉，漸漸薰修，直至見性成佛，廣度眾生，即是大乘。若不信念佛功德，求生淨土，雖口說大乘，行菩薩道，口是心非，實乃狂徒。如是邪人，連小乘的守道清白，梵行高遠，都做不到，空談顛倒，非眞佛子。須知佛法，圓融自在，小乘方便，不離大乘之究竟，由方便而達究竟。大乘究竟，不捨小乘方便，權巧接引眾生，十方世界，三世諸佛，皆由如來勝妙方便，漸成佛道。

問：弟子有心學道，但眾說不一，如何堅定。

師示：既皈依佛，當依佛說，不可依人說，佛是大智慧大威神你不聽，凡夫顛倒無智，豈可信。佛陀開示眾生，惟依念佛得度生死，我們信受奉行，老實念佛，最光明穩當，古人念佛易成就，就是依教奉行，今人念佛不專心，就是沒有依教奉行，自無慧力，又好攀緣，到處去聽邪師說法，壞失信心，所以師父常開示，不要妄動攀緣，在家裡看佛經，清閒念佛，最自在，最清淨。

問：人事煩惱，如何解脫。

師示：念佛最要覺悟，不怕對境，若眞心念佛，環境愈苦逆，道心愈堅定，種種苦逆，乃成就吾的厭離心，種種順樂，成就吾念佛心。人事順逆，正好借境鍊心，但要有正念，正思惟，才能轉境，才能解脫，一對逆苦，即覺

阿彌陀佛

悟世間是苦，一對順樂，即覺悟世間無常，起正念念佛之心。一覺即放下厭離，欲求解脫，惟有念佛求生淨土，萬不可求人求境，一念求人之心，就是貪染顛倒，一念覺悟念佛，才是光明解脫，無論順逆苦樂，都能如是覺照，日久功深，對境一照即空，念佛光明不動。

問：念佛人，如何調和身心，精進念佛。

師示：調心清淨，調身安穩，貪吃貪睡不清淨，不吃不睡不安穩，應常行中道。

阿彌陀佛

精進貴在內心的堅定專精，長久不變，不在身體外相的勞苦不息，衣食生活調和安穩，就全心念佛，別無所求，是眞精進，雖生活衣食隨緣，而內心時時覺悟厭離，是眞智慧，功夫至此，則搬柴運水皆是道，穿衣吃飯都是佛，全心入道，勇猛精進。

問：靜坐念佛容易昏沈，如何對治。

師示：身安道隆，心定智生，若因工作過累，應先養足精力，再靜坐。食物一定要素食，身體清淨有助禪定，午後

阿彌陀佛

不吃任何食物，心清腹空，自不昏沈。

問：請師開示，忍辱的道理。

師示：忍辱要有智慧，不是什麼都依順他人，強忍依順，非眞智慧，不得解脫，忍辱貴在照見諸法如夢似幻，看破俗情顚倒不淨，心常覺悟，堅定不動，遇境不但不計較，且能堅定道心。

問：想修行，又怕人講，怕人批評，該如何。

師示：那是自心沒有願力，沒有道心，若眞覺悟，眞心念佛，不顧一切，全心投入，那管眾生怎麼想，怎麼講。眾生不信佛法，不求解脫，那是自已業障，大丈夫，眞佛子，豈可被人所動。

問：做法會，能不能度眾。

師示：現世修道人，障緣太多，助緣不勝，爲安身辦道，不得已才做法會，應盡量精簡，盡力不要分心，生活安穩，就一心念佛，別無所求。度眾須先開

阿彌陀佛

大智慧，否則心一顛倒，就造惡業受苦。法會也應專念阿彌陀佛，才是眞實自度度人，世間就是苦，才要爲生活分心，一心求生淨土，到西方就安樂清淨，不用做法會，那麼勞苦。

問：請示師父，俗家恩情煩惱，該如何。

師示：若眞想離煩惱求解脫，就極力念佛求生西方，平日只有貪俗情，爲人忙，不認眞念佛，現在就知道苦了。要知僧俗內外，一切家眷，都要依念佛生西，爲眞實利益，究竟解脫，相愛要以念佛同渡生死海，同生西方樂，萬不可以俗情相慘害，不可用物質相迷惑，若能堅定道心，老實念佛，即可轉俗眷爲道友，化熱惱作清涼。

問：請師父開示，在家居士，應如何修行。

師示：修行以見性爲宗，解脫依念佛爲勝，念佛人，心歸淨土，心空一切，那有在家出家之別。若放不下，雖是出家，也是終日奔波，爲人忙，若放得下，雖是在家，亦可清閒念佛，心有

阿彌陀佛

正念厭離之心，雖隨緣工作，而心不離佛，不違願。若心貪染顛倒，雖佛前唱誦，亦妄想紛擾，全在心地功夫，眞實修行。

問：請示師父，念佛妄想多，如何降伏。

師示：妄想的根源是貪染心，若無貪念，妄想自空，而貪欲的起因是迷惑顛倒，應時時覺照念佛，思惟眞理，覺照世間是苦空無常不淨，日久自可漸生厭離，如是照之又照，離之又離，對境即照，一照即離，一離就起正念念佛，日久功深，覺照不惑，開大智慧，悟無所得，即可反妄歸眞，成就最光明，最清淨的厭離心，初學弟子，定力不足，應依覺照念佛爲正行，再以種種苦行爲助緣，千磨萬鍊。

問：弟子只會念阿彌陀佛，不會誦經作課。

師示：鈍根眾生，只會念一句阿彌陀佛，是未通達教理，只有事修，沒有理觀，往生品位不高。利根眾生，雖一樣專念一句阿彌陀佛，但徹見眞理，通達佛法，外現事修，心存理觀，讀誦大乘，解第一義，往生品位最高。讀誦：是將佛法眞義存養於心，時時覺照思惟，長養定慧，決不是只跪在佛前，依文唱誦而已。

問：師父念佛，非常深切，要怎麼學。

師示：師父念佛，全在內心，光明本願力，之所流露，不是用音聲去學習的。如俗人男女唱歌，叫個老半天，全是熱惱顛倒，沒有半句清涼，又難聽，又不淨。念佛人，念佛、唱佛、拜佛、雖一樣表於身口，但內心的智慧願力，全是清淨光明，句句都由眞心顯露。

問：修淨土，應看那些經典。

師示：先看淨宗歷代祖師語錄，學習古德的行持，體悟祖師的見地，深明淨土事理，再廣閱淨土經典，大乘教典，往生聖賢錄，高僧傳。最重要是精讀而深入體悟，不可雜亂，否則不解眞義，反生疑難，若不能深信圓解，應請善知識開示，破除疑網，增長信心。

問：明師與邪師，如何分辨。

師示：明師說法，能解人疑惑，增人信心，使人如甘露灌頂，清涼法喜，堅定念佛，直往西方，才是眾生明燈，真善知識。若是邪師說法，不能解人疑惑，會令聞者，更加疑難，退失信心，熱惱心煩，無所依從。明眼人，一聞便知。我們當依佛經祖語，老實念佛，不要妄動攀緣，最清淨，末世邪師再多，人心再亂，我們堅定念佛，無人能動，萬不可指責邪師，誹謗外道，自己清淨念佛，才是光明路，切記，但求自淨，莫管他人。

問：修行要有不怕吃苦的精神，是何義。

師示：佛法苦行，是放下身心，不貪求，不計較，吃的只要填肚飽，穿的只要不受凍，住的只要避風雨。對於色身調和安穩，就一心念佛，不是刻意毀壞身體，但也決不貪著身體。持戒苦行功夫，全在內心的安忍不動，念佛堅定，外表都不重要，念佛不受一切外境所動。現世眾生，只修人天福，有漏善，誹謗念佛人，心要堅定，安忍不動，現世眾生，只現外表威儀，心無正念，眞心念佛人，全在內心覺照念佛，眾生無知，反加誹謗，心要堅定，安忍不動，這才是眞功夫。別人對你好，你不貪；對你壞，你不瞋，念佛堅定無所求，才是眞苦行。

問：爲人助念很忙，很苦惱，該如何。

師示：念佛人，當依佛說，執持名號，一心

不亂，才能決定生西解脫。眾生平日，攀緣散亂，不用功，臨終沒把握，才要人助念，只有助念，自心顛倒，亦不得往生。若終日攀緣，為人助念，忘失念佛，臨終又想靠人助念，太危險，太可怖了。念佛人，應放下萬緣，極力念佛，誓證三昧，人人精進，勇猛念佛，才是光明解脫之道。現世佛弟子，只有空談，沒有實修，只有助人，沒有正定，一味攀緣，不得法益，只有外表好看，沒有

阿彌陀佛

覺照智慧，看似佛法興，實是眾生墮落。佛法以智慧渡生死，沒有智慧何以解脫，念佛修行，眞能依佛經祖語，堅定信願，精進念佛，則前途一片光明，什麼問題也沒有。眾生就是業障重，沒道心，不肯依教奉行，到處攀緣妄動，問題一大堆，一切問題苦惱，都是自己攀緣來的，有何話說，要怪誰呀，不念佛就苦惱，想解脫就念佛，不要跟人團團轉。

問：爲常住法會奔忙，很苦惱，請師父開

示。

師示：道者無所求，你去求人，當然苦惱，隨緣無所求，知苦就念佛，一心念佛求生西方，安樂自在，就不用做法會，那麼苦了。

問：欲修苦行，但心不安，請師父開示。

師示：肚子餓了就吃飯，身體累了就睡覺，生活安穩，老實念佛，最光明穩當。佛法苦行，要有智慧，利根上智，忍力成就，身心放下，心無所求，故對順逆，苦樂，寒暑皆不動，不以爲苦，智者隨緣渡日，並非刻意吃苦。念佛人，時時覺悟世間苦，衣食生活，隨緣安身，內心常生厭離，不貪不求，全仗念佛，求生淨土，了脫生死。不吃不睡非解脫，但要遵守，中道苦行，衣食簡樸，一定要過午不食。午後才有時間專精念佛。

淨土心要的宗旨，完全是顯示師父的厭離心，覺悟世間，苦空無常，深信念佛，光明解脫，全心投入彌陀願海，一心歸向極樂淨土的念佛願力。放下一切，不顧不切，全心向佛，一心求道的堅定信心。畢命爲期，終生極力念佛，決往西方，誓成佛道的心願。一下功夫，勇猛精進，不成就決不中止，捨身求道的決心。所有開示弟子的法語，全是師父的念佛本願力，文字精簡不多，但全是解脫成佛的心要，念佛三昧的心要。修道念佛，誓證三昧，貴在眞實覺悟，厭離放下的願力，弟子親近師父念佛，就是要學師父厭離世間，放下一切，專精念佛，求生淨土的願力。佛法大海，有其宗旨心要，我們念佛修行，一定要深悟，萬法以明心爲宗，眾門以見性爲要，修道以成佛爲究竟，成佛以往生爲方便。深明宗要，再廣閱經教，一心念佛，才能堅定信願，全心投入，勇猛精進。淨土心要，是傳融平日念佛覺照修行的眞理願力，全盤托出，一絲不掛，若沒本事，決難納受，淨土心要，主要是師父平日用來觀照思惟的，即精簡又廣大，有緣讀誦的道友，隨心體悟，能納受與否，就各憑本事了。阿彌陀佛。

問：請師父慈悲開示，女眾業障重，如何懺悔。

師示：若肯信願念佛，無論男女，都能消業解脫，往生成佛。若不念佛，不論男女，都一樣業障重，應深信念佛功德，不要輕視女人身。

問：修行應從何下手。

師示：應從信願念佛下手，平日二六時中，只要提起一句佛號，直心直念，長養善根，堅定信願，日久心淨，眾業消除，觀心自在，得大解脫。

問：想出家可不可以，如何才能出家。

師示：一念清淨，即是出家，身是出家又入

阿彌陀佛

家，心是一出一切出。出家在心，不在外相。相是助緣。

問：佛法說空，與外道說空，是同、是不同。

師示：眞空無內外，若有內外，即非眞空。

問：極樂世界，是否實有。

師示：若論緣起性空，則十方世界，乃至眼前所見，一切事物，山河大地，都是幻化不實，是空非有；若論性空緣起，則十方世界，諸佛淨土，一切聖境，都是修因果得，自他受用，眞實不虛。極樂淨土，乃阿彌陀佛，從因地發願，歷劫修行之所成就，佛陀大悲大願助我們修行成佛，佛法說空義，旨在破有執，若復執空，又落斷滅。

問：世間爲何宗教繁多，有何差別。

師示：眾生都有離苦得樂的求道之心，但因未遇善知識，故在求道的過程中，未見眞空，未見正道，或爲邪師所惑，以致心外求法，各執己見，故有種種外道。須知眞道無道，眞空無住，眞

阿彌陀佛

見無見，惟有覺者佛陀，圓滿究竟，佛陀所見所悟的中道眞空，就是一切眾生，一切外道所要追求的眞理。若身雖出家，或皈依佛門，未明心見性，也是心外求法，也是行邪道，但只要先依事相，深信切願，眞心念佛，仗西方境緣勝妙，永不退轉，慢慢薰習，必有明心之日，必由念佛往生之方便道，而達見性成佛之究竟道。

問：經云：色見音求，不能見如來，念佛

人求佛見佛，可否見如來。

師示：色見音求，不能見佛，不見不求，亦不能見佛，有見有求是住於有，執有迷惑，不能見佛性，不見不求，是住於空，執空顛倒，不能見性。佛性無住，非空非有，無有空色，皆是凡情執著，一切無住，才是聖智，若念佛心空見性，悟無生忍，則終日念佛求生，而終日無念無生，無念而念，無生而生，性修不二，常行中道，才能見性見佛，念佛人，若未達理，應專事修，免墮空過。

問：師父開示的語錄，可否流通。

師示：師父所寫的淨土心要，目的是用來自己長養定慧，若有誠心志同道合的念佛弟子，也可相互勉勵，增長念佛信願。有誠心念佛，看了一定堅定光明，若沒誠心眾生，看了也沒用，有誠心有緣可隨緣，但絕不可到處攀緣。

◎師父是很平凡的念佛修道人，再說一次，傳融是很平凡，很平凡的念佛修道人，一生念佛，堅定不動，只要生活安穩，每日只想念佛，過著平凡清閒的隱居生活，直至臨終，佛來接引，往生西方，成就佛道。弟子若眞有誠心見師父請示佛法，師父會隨緣慈悲開示念佛法要，但師父一生極力念佛，求生淨土，絕不爲人分心，絕不因利眾而障礙念佛修行，尤其每日午後，全心投入靜坐念佛時間，決不可擾師念佛。生死事大，無常迅速，各自精進，一心念佛。師父念佛心，光明堅定，若觀察眾生見師問道，只問不修，擾師清修，

阿彌陀佛

師父就會不理人了。十方弟子都要知道師父堅定念佛的願力。不可妨礙師父念佛修行。

問：念佛時，未用念珠可否。

師示：念佛貴在內心，淨念相續，念珠只是助緣，用不用都不重要。

問：念佛人要不要打坐。

師示：念佛功夫，全在內心的覺悟放下，厭離世間，欣向淨土，淨念相續，一心不亂。靜坐：是日常行住坐臥中之一法，也是修行助緣，心空心定，才叫靜坐，虛有形相沒有用。

問：打坐時，將注意力集中何處才對。

師示：眞心念佛，不論行坐，全在內心覺照放下，身心內外，一切空寂，那有這些妄想。

問：師父慈悲，如何才是如法靜坐。

師示：若行若坐，惟全心專注一句佛號，專念專聽，字句分明，日久念息兩亡，證入三昧。

問：爲何念佛不易定心，持咒誦經較能定心。

師示：若是眞禪定，則一定一切定，若是眞智慧，必定專念一句佛名，一門深入，念佛心不定，是教理不明，信願不堅，行持不精，不得實益。持咒禮誦易定，只是短暫假借其繁雜的儀規文字約束其心，決非眞實定心，故不能轉境，不得自在。眞心念佛人，由深信切願，老實持名，下手精修，一門深入，歷經多生累劫，勤苦修行，千磨萬鍊，深入大禪定，開發大智慧，徹悟世間，苦空無常，深信念佛，光明解脫，故能專精不動，不念一切，惟念一佛。念佛人由內心信願堅定，專精念佛，眞實覺悟，眞實厭離塵勞，欣向淨土，深入念佛功德，故能轉萬境，得大解脫，心歸極樂。信心清淨者，念佛必專一，念佛不專一，就是信願不堅定。專要專到極點，萬念具寂。

問：想依止師父出家，須具何條件。

師示：最基本，須眞信切願，老實念佛，一切習氣，都可慢慢薰修。如念佛人，未得禪定智慧，只要信願念佛，亦可生西，再慢慢薰修，這最基本，能眞實行者，已不可多得，可見出家不容易。若沒道心，人多擾亂，決對遠離，清閒才可貴。

問：何謂一句彌陀，六度齊修，萬行具備。

師示：眞心念佛，智慧廣大，圓修六度，總攝萬行，不可思議，布施|念佛人，厭離世間，身心放下，無貪無著，心無一物，不取不捨，是布施度生死。

持戒—眞心念佛人，厭離塵勞，身心空寂，心常光明，一無所求，觀心自在，念念是佛，是持戒度生死。忍辱—眞心念佛人，厭離娑婆，一切放下，信願堅定，安忍不動，全心是佛，人我相空，是忍辱度生死。以上三度是福德勝妙。精進—眞心念佛人，厭離五欲，萬念不生，心常正念，萬境空寂，全心投入，二六時中，淨念相續，心無間斷，是精進度生死。禪定—眞心念佛人，對世間厭

阿彌陀佛

到極點，身心內外，一切空寂，念念心歸淨土，心心趣向西方，親證三昧，萬境不動，是禪定度生死。智慧｜眞心念佛人，覺悟諸法如夢，照見一切皆空，無住無相，無念而心常念佛，無生而決定往生，以念佛心，度無明暗，是智慧度生死。此三度是智慧究竟。乃至一切萬行，都是廣設方便，縱是參禪，大徹大悟，見性成佛，也只是先悟後修，煩惑斷盡，還有大修爲，要長養精進。惟念佛法門，究竟圓滿，三昧成就，決定蒙佛接引，一生淨土，永不退轉，直至成佛，福慧具足。可見念佛法門之殊勝圓妙，傳融就是深切體悟念佛功德，故能堅定不動。

問：現世修行，何以不能堅定專一。

師示：被物質俗情所迷惑，邪師惡友所害，心浮妄動，喜好攀緣，不知佛法圓融，念一佛，即念一切佛，入一門，即入一切門，一法統攝一切法，一門圓通一切門，禪淨原是一體，方便同歸究竟。禪門研教律儀都是悟心，圓解、止惡之善巧方便，信願念佛生西，乃是離苦，解脫，成佛之究竟明路。念佛法門，可不假方便，心開見性，往生成佛，是全仗佛力，攝受功德，是一切凡聖的依歸，能往生西方，見佛聞法，安穩修行，則前途一片光明，能親近阿彌陀佛，常不離佛，就決定成佛。一切眾生艱苦修行的目的，都是爲成佛道，深信佛力，願生淨土，一心正念，一生命終，就能生西成佛，若再不信不生，實是業重凡夫，沒道心。眾生不信，不管他，我們深信佛言，一心念佛，同生西方，同成佛道。

問：有聞曰：西方在自心，如何求生西方。

師示：西方在自心，是指是心是佛，心淨土淨的理體，理體即是相用。智者、覺者，心無所住，雖談空，不住空，空即是有，理即是事，旨在開示念佛弟子，事修應達理觀，西方雖遠，不離自心，決非叫你不用求生西方，迷者聞空著空，執心滅境，都是凡情顛倒。

問：何謂實相念佛。

師示：實相念佛，是破無明，見佛性，終日念佛，終日無念，終日求生，終日無生，這是念佛人，證入理一心念佛三昧，大徹大悟，悟無生忍的大光明境界。實相：即是無生無相的眞如實相，徹見實相無相的本性之後，再稱性起修，從體起用，信願堅定，全心念佛，求生西方。決不是沒有事相爲實相，也不是不念佛爲無念，若廢有執空，是滅境求心，不是無住眞空。念佛人，一定要依事相妙用上，眞實精進，老實念佛，日久功深，心念澄清，一心不亂，深入禪定，發無漏慧，才能證入實相。

問：請師父開示，何謂老實念佛。

師示：信願堅定，行持專一，與人無爭，與世無求，不攀緣，不計較，就是老實。

阿彌陀佛

問：聽師父開示時，信心堅定，但一離開師父，心對外境時，又退心，何故？

師示：弟子有緣親近師父時，有師父念佛心大願力攝受，薰修，如入光室，黑暗頓消，但一離開師父，如暗路失去明燈，寸步難行，不知方向，驚怖不安。故我佛開示，學道應依止善知識，我們一心念佛，求生西方，就是要親近彌陀大導師，大慈父，有佛陀好親近，有淨土好安住，修行道上就一路光明，決定成佛了。

問：有師父就光明，有師父好可貴。

師示：有道心，才會體悟到師父的光明可貴，依教奉行，老實念佛。若沒道心，貪染顛倒，佛在眼前，他也不識，親近師父，又有何用。我們是惟道爲貴，眾生是惟情是求，差距之大，實可怖畏，如師父所寫的開示，完全是師父日常行持，覺照功夫，是自己的寶藏，惟我獨在，惟我獨尊，師父是捨命珍惜，一心歸向，以佛爲心，以道爲命。但普天之下，就沒有幾人會珍惜實行了，所以師父的開示，決對不可隨便給人閱讀，只有老實念佛弟子才可看，不論是不是皈依師父，只要老實念佛不攀緣，就是好道友，就可以看，若不信淨土法門，喜攀緣，亂講話，不老實念佛，就不可以看，這是因爲師父平凡無所求，慈悲常自在，眾生只知道師父很慈悲，但決不知道師父外表慈悲所深藏不露的大願力內在智慧。師父一生，全心念佛，安貧守道，衣食安穩，就別無所求，有少數誠心弟子擁護我們生活安穩，我們就全心投入，專心念佛。師父初出家時，到各處寺院參訪，見寺中僧尼，終日爲人忙，做法會，做經懺，道場如市場，出家同俗眷，實在恐怖。完全違背佛示，遠離鬧市，閒居靜處的訓言，終日喧鬧，心思雜亂，永無入道之日。試想：古德高僧是怎麼修行嚴謹，怎麼守道精進，縱使大徹大悟，依然要悟後漸修，長養聖胎，老實念佛，故有祖

阿彌陀佛

師，終生隱居山林，精進念佛。念佛人，眞爲了生死，一心生淨土，萬萬不可攀緣，一講再講，千講萬講，就是不要攀緣，不要雜話，閒閒然一心念佛，默默然老實持名，心向佛，才堪以薰修，若心攀俗緣，就愈染愈臭了，還修個什麼道。我們念佛人，應以祖師的行持爲榜樣，依佛說的教理爲明路，死心踏地，老實修行。眞能深信佛願，力求生西，一生眞心念佛，一生決定了生死，臨終決定生淨土。好可貴，太可貴，生死苦海，好在有阿彌陀佛慈悲願力，接引我們去西方修行。助我們早日成佛，得大自在，大解脫，師父天天都感恩佛陀，求佛加被，一路光明，直往西方。

問：請問師父，平日發願，是說什麼。

師示：眞心念佛人，向佛發願，如同向親生爹娘說話一般，親密懇切，想說什麼，就說什麼，像閒話家常一樣。師父每天早晚向阿彌陀佛說，世間無常，在世間修行千磨萬鍊，實在太苦

阿彌陀佛

了，惟有西方淨土，安樂自在，弟子一定要去西方，親近阿彌陀佛，佛陀慈悲加被，一路光明，直往西方，有時教小徒弟發願，也是說，阿彌陀佛，我們要去西方，阿彌陀佛一定要來接我們。

師父平日的發願文—

阿彌陀佛，願我臨終，一切光明，預知時至，蒙佛接引，往生西方，成佛度眾，阿彌陀佛慈悲，放光照我，光明攝受。觀世音菩薩，大勢至菩薩，阿彌陀佛，阿彌陀佛。

問：看師父好清閒，好快樂。

師示：厭離一切，心無所求，當然清閒無事，全心向佛，心歸淨土，當然安樂自在。你看世人，從小無知，終日玩泥土，長大無知，又終日玩五欲俗情，年小在玩，年大年老，還在玩，愈玩愈大，造罪愈深，苦惱愈多，永劫轉世，受極大苦。師父從小，念佛覺悟，長大出家，覺悟念佛，年少念佛，年大年老，還是念佛，愈念愈光明，愈念愈快樂，清涼法喜，往生成

阿彌陀佛

佛，受大安樂。你想快樂嗎？想就念佛。

問：雖知世間苦，何又放不下。

師示：有善根者，雖受小苦，即大覺悟，沒善根者，雖受大苦，亦不厭離，應常念佛，長養善根，善根就是道心，道心就是自性清淨心。念佛是清淨自心，消除業障，勝妙法門，業障就是無明，念佛心光明，即可破無明暗，日久念佛，心淨慧朗，即可看破放下。

問：師父平時很少開示。

師示：既知是苦，就當覺悟，既知淨土，更當念佛，千經萬論，歷祖開示，一切言說，一切法門，全都回歸彌陀願海，全都往生極樂淨土。師父一切開示，也是念佛生淨土，有什麼好講的，念佛修行，全憑自己道心，口念心悟，不是用講的。

問：請問師父，爲何要出家。

師示：師父從小，約十五歲，看到一本百歲修行經，一念覺醒，頓然空寂，如由

阿彌陀佛

迷途而見歸路，從此一心向道，全心念佛，誓願出家，追求正道，至十七歲，遇一老尼引進，決然偷逃出家，在回佛門的半途，下車到理髮店，自行落髮，再回山見佛，一個月後，被父親知道找回，次年家父離世，師即不再學藝，獨自流浪天涯，玩樂度日，一日因緣成熟，到一小廟問籤，廟中道人曰：汝乃出家之人，何以尚在流浪，師父聞之，再度出家，時年十九歲。出家前向人說：我要去做一個清閒自在，無憂無愁的修道人。本想出家後，老實念佛就好，那知苦難又來，常住俗事太多，人心太亂，在一次強烈的法難打擊之後，決心深入經藏，走出西方光明路，同時發大誓願，將來傳融念佛光明，道業有成，一定報佛深恩，以念佛心，自度度人，捨命爲道，捨身求法。從此離開常住，四處參學。在學期間，將所有的錢，全部用來請經書，有一次沒錢請經，還把最心愛的一串念珠賣掉，

阿彌陀佛

全心投入的一心念佛，廣閱經藏及祖師語錄，學院課業一律不動，隨便應付一下，就看經極力念佛，半年後，一日，豁然貫通，縱橫無礙，原來佛法在自心，不在文字相，從此深悟淨土，勝妙功德，深信彌陀，本願智慧，念佛心，如如不動矣。世間學問一切都無用，認識文字可助我們由文字起觀照，由觀照證入實相，其他一切都要放下，惟依念佛得度生死。師父一生修行，經歷過種種苦難的歷程，深深體悟到佛法的光明，智慧的清淨，道友的可貴，清閒的解脫，所以自七十二年回山後，大振宗風，不畏一切艱難，不怕一切誹謗，極力將靈源寺徹底清淨，使同修道友都能清淨安穩的念佛修行，同生西方，凡有誠心請法問道的念佛人，師父更是全心全意慈悲開示，直到弟子破除疑難，信願堅定。這是師父念佛本願，求道本心，我有誠心自度，當然也有誠心度人，見弟子有誠心，念佛心堅定，才是傳融最大的歡喜。

問：何謂走錯路。

師示：顛倒求境，即是錯路。

問：何謂走正路。

師示：正念觀心，即是正道。

問：何謂佛法。

師示：河邊戲水。

問：如何解脫。

師示：念佛解脫。

問：什麼是佛。

師示：什麼不是佛。

問：如何見佛。
師示：見性見佛。
問：如何修行。
師示：念佛修行。
問：如何念佛。
師示：覺照念佛。
問：何謂苦行。
師示：念佛最樂。
問：請師開示。
師示：一心念佛。
問：何謂生死根本。

阿彌陀佛

師示：貪欲顚倒，是生死根本。

問：受人供養心不安，請師開示。

師示：出家修道人，若眞爲了生死，深信切願，一心念佛，雖受供養，安貧守道，心無貪染，願成佛道，廣度眾生，自可萬恩齊報，同得解脫，自然心安，若出家攀緣，顚倒不精進，當然不安。切記！護法供養道人，是要成就道人的道業，不是要你受了財物，就貪著造業墮落的。道人爲求正道，能取能捨，該捨的時候，身心內外一切財物都要捨盡，才能成就道業。有道心的念佛人，把錢用來安身念佛。沒道心的光頭俗漢，有錢就打妄想，貪染造業。

問：出了家不修行，爲何反求世學。

師示：有道之人，心向內觀，無道之人，心往外求。不管他。

問：師父爲何不接引男眾出家。

師示：世間有男女，就有恩怨眷屬，就有地獄輪迴，眾生都是業重凡夫，一點道心定力都沒有，豈可男女雜處，若未

阿彌陀佛

到萬境不動，心空自在的道行，說不動心，是騙人的。念佛人，心淨土淨，一切都要清淨。

問：現世出家在家佛弟子，都有受過戒。知道戒律因果，爲何還敢造惡業，貪名利，坐享供養。

師示：修行談何容易，出家更是難行，受戒容易，持戒難，持戒是用心去守護身口意三業，不是用口頭上講，空談的，念佛念到心地清淨，一心不亂，才能持戒清淨，否則口說持戒，心常犯戒。智者持戒，能通達戒律根本，故能心常清淨，法喜自在，愚者持戒，不能深解戒律根本，只在戒相條律上團團轉，故心常顛倒，不得解脫，可見修行之難。念佛最可貴的，就是守心地戒，念佛大智慧，能覺悟造惡的根本是心，直接念佛清淨自心，念到一心不亂，心空見性，不但永斷罪根，不起惑造業，更能決生淨土，成就佛道，可見淨土法門之勝妙功德。

問：法門無量，眾生應修何法門。

師示：惟依念佛，得度生死。

問：念佛人遇病時應如何。

師示：醫藥可隨緣，若病重不治時，應覺悟無常，放下身心，一心念佛，求生淨土。

問：師父的念佛境界，已光明不動，但我們初學弟子，尚易散亂，請示師父，有何方便。

師示：對了，師父有今日的堅定不動，念佛光明，也是多生累劫修來的，也是今生勇猛精進，千磨萬鍊修來的，念佛人只要眞誠、堅定、不畏艱苦、有耐心、有恆心、有信心、有願力、從始至終、專精不移，日子久了，念佛有得到法味了，念佛的信願，就會漸漸堅定，自然不再向外追求，自然會想念佛。也有覺悟到，追求五欲俗情是煩惱痛苦。惟有念佛，求生西方，才是光明解脫之道。有了以上正確的見解，就要運用種種善巧方便，降伏妄心。念佛的宗旨是要念念清淨，念念覺悟，一切的努力，必要達到這個目標。

㈠悲切念佛－念念世間無常，生死極苦，今生若不往生淨土，必墮地獄三途，受無量苦，如是思惟，生大怖畏，每念一句佛名，即觀想地獄受苦眾生，都聽到我念佛之音，整個地獄，頓時化成極樂淨土。

㈡歸心念佛－每念一句佛名，心隨念佛之音，劃過虛空，直歸西方，阿彌陀佛，無量聖眾，都聽到我念佛之音。

㈢記數念佛－每轉為百句佛名，每記為十數，每數分三段記：即每念三句佛名，即吸一口氣，再念三句吸一口氣，再念四句吸一口氣，每念十句再從一到十，十到百，又回頭從一到十，十到百，心就不易散亂。

㈣觀字念佛－每念一句阿彌陀佛，即觀阿字在眼前，再念一句觀彌字，再念一句觀陀字，再念一句觀佛字，週而復始，綿密不斷。

㈤聽音念佛—用錄音機，聽念佛音聲，自己小聲跟著念。

㈥追頂念佛—念佛時，一句緊追一句，緊追不捨，速度適中，不可太快，須句句清楚，每一句佛名，觀阿字，或陀字。

㈦隨息念佛—靜坐念佛，萬念具寂，全心投入，每一呼氣，念一聲阿彌陀佛，用金剛持法，日久功深，念息兩亡，證入念佛三昧。如是念佛七法是師父出家念佛歷程中，所精修的法門，其中的第七法隨息念佛，最深妙，最難入，若身坐心不定，隨息氣不精，最易受病，最易妄想，此法乃念佛功深，大智大願的念佛。修道人所修法門。初學弟子，應從前六法中，任選一法，或多法輪修，漸次深入，念佛心要切，但不可心急。古人福報大，學佛念佛，都有念佛堂，仗大眾共修功德，不易懈怠，不易錯路，現世佛弟子，無此因緣，明師善友，難遇難逢，全靠自己精進，全憑各人道心。師父就是全憑自己的本願念佛心，深入經藏，依教修行，走出自己的西方光明路，佛經祖語，就是我的大善知識，善知識全在自心眞誠奉行。就看自己有沒有眞誠求道之心。初學弟子，離眾獨行，是最危險的。

問：初學念佛，可否定數，定課。

師示：初學念佛，信願未堅，容易懈怠，可

自定日課，定數念佛。

問：可否用念珠計數。

師示：可以，但用念珠，較易散心，若用心計較易專心。

問：生活在一處，志趣不同，如何對治。

師示：默然念佛，自行精進，不管他人。

問：若遇邪惡不淨的人，如何對治。

師示：覺悟世間，惡濁眾苦，一心求生淨土，默然念佛，觀心自淨，不理他人。

問：如何進修，念佛三昧。

師示：念佛三昧，即禪定智慧，與修禪觀一樣，要居閒靜處，萬緣具寂，心空萬境，全心投入，一心念佛。

問：現前環境，難得閒靜，如何進修。

師示：若不能依山近水，也可居靜室，絕諸外緣，不管一切，專精念佛，一切苦逆，皆以厭離心，念佛心對治，眞能由惡逆環境中，千磨萬鍊，鍊心不動，對境轉境，其功夫定慧，不可思議。但動中取靜，要有慧照之力，否則很難成就，初學沒定力，一對境，就顛倒妄動，還是要假借明師善友，閒靜安穩的助緣較穩當，念佛人求生西方淨土，就是要依止淨土的勝妙助緣，助成正道。

問：如今眾生皆忙，實難成就。

師示：眞有道心，爲了生死，則身命都可放下，眞實放下，念佛決定成就。眾生都在爲人忙，爲情累，到處攀緣，空過時日，忘失慧業。

問：聞師開示，一針見血，頓然醒悟。

師示：生死苦海，惟佛能渡，一心念佛，莫

阿彌陀佛

爲人忙，生死事大，惟道爲貴，一心念佛，求生淨土。彌陀大慈父，正在西方等著我們這些浪子。

問：進修剋期，如何精進調停。

師示：修行應常行中道，不急不懈，信願堅定，行持專精，日日年年，始終一如，才是正精進，此是調心清淨。衣食生活，應減到最低限度，只能維持生命，但決不可完全不食，睡爲養精力，養足精力，就全心念佛，不可累又不睡。

問：師父當年剋期精進，只食水果，可否學習。

師示：師父只食水果，乃一時之方便，這是身心放下，全心投入，捨身求道，不顧一切，自然而成，肚子空空，不覺飢餓。因爲以果爲食，可不爲食分心，利於全心投入，穿西方衲衣，也是爲了不爲衣分心，利於專注一境，全是內心本願之力，自然流露，如歷代高僧行持苦行一樣。初學弟子，不可強加學習，應量己心力，老實念

阿彌陀佛

佛，最穩當，若忍心不足，勉強學習，易退失信心。

問：靜坐時，雙眼是全合，或半合。

師示：初學靜坐可開三分，以治昏沈，定力深厚的念佛人，是雙眼全合，全心內照，不昏不動。

問：受了戒，有法師講經，不去又犯戒，要去又沒空，很煩惱，請師父開示。

師示：佛制戒律，是爲防止眾生造罪墮落，佛說念佛法門，更是成就眾生，往生成佛之光明大道，念佛人，深信念佛解脫功德，應一心念佛，求生西方。

問：請示師父，到那裡工作較好。

師示：師父一心念佛，俗事自行了辦，念佛修道之人，一切放下，不問俗事。

問：聞言：臨終時，會有魔境現前，該如何。

師示：念佛人，應一心專念阿彌陀佛，但能一心念佛，全心向佛，信願堅定，臨終正念念佛，決定蒙佛，現前接引，此乃彌陀本願力，佛經明示，不可生疑。念佛心中，只有佛念，不可老是想什麼魔，心中有一魔字，即非眞心念佛。

問：念佛心歡喜，會不會著魔。

師示：若是眞由念佛光明所得法喜，是光明不動，清淨自在，萬境空寂，全心是佛，那還有什麼魔，全是自心妄想，不專不淨，心中無佛，才有魔。

問：平日念佛，有何儀規。

師示：修道人的心境功夫，各個不同，師父念佛，全在心地覺照，寧靜觀心，故弟子平日應默默念佛，不可大聲，吵到師父，也勿擾蓮友念佛，各自默默，念佛修行，才能進修道業。

問：師父日常，用何法念佛。

師示：早上經行，用小聲念佛和金剛念佛。下午靜坐，用金剛念佛，有時感念佛恩，也會大聲念佛。

問：何謂三業念佛。

師示：身禮佛、口念佛、心憶佛。

問：念佛人，是否應常向西方。

師示：對！一心欣向淨土，時時向著西方，尤其靜坐念佛，一定要面向西方，如

阿彌陀佛

是身口意整個身心世界都是佛，都是西方，就很容易達到心佛相應，心土一體。

問：師父：什麼叫作憶佛。

師示：一切時中，念念不忘要去西方見佛，縱使身在做事，心中依然想念西方，憶念彌陀，如子憶母般的親切。

問：弟子平日念佛，要不要憶佛。

師示：身禮佛，或面向西方，口念佛名，心憶想彌陀，是一體同心的，不可分開的，若只有口念佛名，身未欣向，心未切念憶想，就不懇切了。

問：常見寺中師父，管教弟子很嚴，今見師父，不管不罵，眞清閒。

師示：師父是大願力的念佛修道人，全心內照，一心念佛，心空一切，不爲人忙，來親近師父的善女子，都是依佛爲師，我們都是阿彌陀佛的弟子，名相上，雖是師徒，實際上，是蓮友道友。有相當覺悟，有本事，才敢來親近師父，修行道上，各自精進，師父一切的開示，也是佛經祖語的精華心要，和老僧的念佛心，本願力，用在日常對境覺照，看破、放下，堅定念佛，同生西方。師父厭離一切，深信淨土，不攀緣，不爲人忙，不被人動的堅定信願，才是念佛弟子所要苦心力學的光明大道。

問：何謂業障。

師示：業有淨業，染業之分，身口意造惡業墮惡道，或不信佛法而障遮正道，就叫業障、染業。身口意修善業，深信佛法，一心念佛，清淨自心，與菩提正道相應，叫淨業。

問：何謂帶業往生。何謂消業往生。

師示：念佛人未證三昧，身心還未清淨，但深信切願，一心求願生西，仗佛本願力，得生淨土，業即貪瞋痴之業也。若念佛證三昧，即業障清淨矣。經云：執持名號，一心不亂，即是淨業成就，業障消除，與正道相應。雖說帶業往生，其實觀經云：下品往生眾生，平日造惡業，臨終遇善知識，開示念佛，極力懺悔，仗念佛功德力，諸罪消除，即得往生，極樂淨土。可見是罪業消了，清淨了，才能往生。念佛未證三昧者，臨終易顛倒，故皆要遇善知識開示念佛，仗此助緣，正念念佛，眾罪消滅，即得往生。可見念佛滅罪功德，不可思議。

問：經云：一日至七日，一心不亂，即得往生，若七日不亂，八日後再亂，可往生否。

師示：能念佛念到七日不亂，其信心願力一定堅定，專精不動，既得念佛三昧法喜，一定終生精進，一心念佛，求生淨土，決不可能再散亂。

問：何謂一心不亂。

師示：一心者：惟有清淨念佛之心。不亂者：不被五欲六塵，俗情邪見，之所動亂。

問：師父今生歸西，會不會再來度眾。

師示：今生決歸淨土，決不再來，世間太苦了、太苦了，把師父嚇到西方去了，那敢再來，要度眾，是成佛以後再說。

阿彌陀佛

問：有道友退失信心，該如何度他。

師示：自無信願，如何度人，當先成就淨業，有智慧自度，才有能力隨緣利生。

問：念佛人，要不要修苦行。

師示：不念佛的眾生貪染顛倒，造惡業，受輪迴，才是苦行。念佛人，清淨正念，光明自在，往生成佛，極樂無比，那有什麼苦行，念佛修行，貴在清淨自心，覺悟自性，往生淨土，安樂自在。不吃不穿、不睡的無益之苦，不能解脫。佛法雖說苦行，貴在厭離五欲俗情，隨緣生活，無欲無求，外表雖像苦行，內心念佛光明安樂，是極樂之行。念佛人，當深信念佛功德，生活安穩了，就一心念佛，勿打無益妄想。

問：有云：西方在心，求生西方是執著，這是什麼道理。

師示：智者說法，觀機說教，說空說有，說心說境，全歸中道，何以故，智者覺者，無所住故，見性智者，明見自心，徹見空理，而不住於空，不執於心，亦不礙妙有，如明鏡之一塵不染，而不礙萬物影現。此是心即是境，空即是有的道理。說西方不離心，是指境由心現，說心不離西方，是指心由境有，猶如夢中之境，雖是夢幻，但苦樂不虛，而夢中幻境，也是由心的執著才有境。西方不離心，諸法如夢，萬境本空，這是大徹大悟，明心見性的大覺者，才能徹知徹見，惟有心空見性，才能親見諸法體性，空有一如，心境不二，説空即是有，説有即是空，説心即是境，説境即是心，心無所住，縱橫無礙。見性悟空之後，再稱性起修，才能空有不住，事理圓融。迷惑眾生，未見佛性，不解空義，説空執於空，説有住於有，説心執於心，説境又住於境，甚至執性廢修，不信因果，墮大邪見，造業受苦。所以師父一再苦口慈心，開示念佛學佛弟子，應從事相，眞信切願，老實念佛，才能得眞實法益，不可妄談空理。因為佛性空理，惟徹悟乃知，迷者無論怎麼講，也不知。真空之理，離言絕想，心一動，早就有住了，真心無住，有住是妄心，非真心。

問：有云：娑婆眾苦，修行較快，西方安樂，修行較慢，此是何理。

師示：娑婆眾苦，障礙正道，容易退轉，極樂清淨，助緣勝妙，永不退轉。若論快慢，都要長劫修福慧。智者念佛，心空見佛性，覺悟世間，空苦無常的眞理，雖知諸法如夢，但要從性起修，才能斷惑證眞，離苦得樂，雖悟無生，而求生淨土，才能永不退轉，求生淨土，也是爲仗佛力，助我成佛的方便。往生成佛之後，才能證入不取不捨之究竟。世上愚人，不解佛法，不明眞心，一昧空談，口談空，心執有，口談心，心住境，説不執著，終日執著，無常一到，叫天叫地，沒半點智慧，日後墮惡道，受無量苦，看他到時，面對火坑地獄之前，還敢不敢說，火坑在心，不執著。天下學佛念佛道友，一定要依止善知識，聽聞正法，依教修行，從事修而證理，由漸修而頓悟，不可執理廢事。

問：如何才能，堅定道心。

師示：深信念佛功德，專念阿彌陀佛。佛法清淨，修行全是善根智慧，善根就是清淨道心。古人有善根，很老實，一聞淨土，隨各自善根力，老實念佛，智者一念念佛，心空見性，乃百尺竿頭，更進一步，稱性起修，老實念佛。初學無智，念念佛，深信切願，雖未能了達空理，亦老實用功，踏實不狂，不會妄測空談，不知而強以爲知，執著而強說不執著，故上智下愚，念佛都有成就，往生淨土，得大法益。現世學佛之人，只學得文字外表，無眞道心，又不老實，一味空談攀緣，所以念佛參禪，都不得成就。願天下念佛人，看了淨土心要，堅定念佛道心，不論上智下愚，皆當深信切願，老實念佛。上智明心見性，也是多生累劫，漸修而來的，下愚不明心性，但得往生淨土，永不退轉，漸次薰修，終有見性明心之日。

問：念佛較慢，是否參禪較快，參禪成就之後，再來念佛。

師示：快慢頓漸，全在自心，不在法門，法門平等，應機則妙，法無高下，全在心悟。智者猛利，一念放下，即心即佛，愚者怠鈍，念念放不下，雖說參禪，只是死坐妄想，虛有外表，全無內智，論其快，則智者不論念佛參禪，一念覺悟，往生成佛，即是快，論其慢，則愚者不信佛力，念念顛倒，空談妄想，輪轉生死，長劫受苦，縱使大悟，還須斷惑苦修，即是慢。還是專修淨土，老實念佛，最穩當。若是上智根利，則念佛現世心空見性，悟無生忍，臨終蒙佛接引，往生上品。若是下愚根鈍，則深信佛力，依事相上，厭離濁世，欣向淨土，一心念佛，雖現世未悟無生忍，

阿彌陀佛

臨終仗佛本願力，接引往生淨土，永不退轉，亦有悟日。故知淨土法門，仗佛願力攝受，是聖凡同渡同歸，智愚同修同證之最勝妙，最穩當的法門，念佛功德之不可思議，惟有大智慧眞心念佛人，才能徹知徹見。

問：臨終念佛，是念自性佛，生自性淨土，還是念他佛，生佛淨土。

師示：念自性佛，生自性淨土，是念佛人現生念佛成就，親證理一心念佛三昧，徹見惟心淨土，自性彌陀，見性成佛，心淨土淨。臨終念佛生西，是念他佛，生他佛淨土，仗他佛之本願威神之功德力，以證自佛之本性功德。故臨終往生，是念佛人成就淨業，信願往生之本願，與西方阿彌陀佛成就淨土，接引念佛眾生之本願功德力，心佛一體，感應道交。阿彌陀佛，與諸聖眾，現在其前，當然是實有他佛來接引。惟心自性之理，惟見性之人徹知徹見，不可空談，一定要依事相老實念佛。見性悟理，如知歸家大

阿彌陀佛

道，見了回佛家之道路，就要直路歸家，不走依然回不到佛家，道路即是空理，回家即是回清淨佛家，就是成佛究竟道，就是依理覺照，斷惑證眞，直成佛道。

問：師父！世上愚人，信願不堅定，妄談空理，不老實念佛，口口說空，心心執有，無常惡逆境界現前，一點也作不得主，生死苦海，永無解脫之日。

師示：正是，妄談空理，與貪染五欲俗情，都是眾生的無明煩惱，空談是見惑，貪染是思惑，都是生死根本。惟有眞心念佛，直往西方，最光明，最穩當。所以師父常勉勵弟子道友，能一聞淨土法門，就深信切願，老實念佛者，就是多善根，多福德，一生念佛精進不退，臨終決定蒙佛接引，往生西方。現在就知道，眾生爲何念佛不得往生，我們念佛爲何決定往生，自己信心就會堅定，不可看輕自己，更不可懷疑自己，要深信自己，深信佛力，切願生西，一生精進念佛，決定

阿彌陀佛

往生淨土。臨終佛來接引，是佛的本願力，佛力廣大，不可思議，念佛人，既深信佛力，就決不可有絲毫懷疑，只要臨終正念，決定蒙佛接引。可常閱往生聖賢錄。

問：有師父的淨土心要開示錄，如師父在身邊開示一樣，念佛就堅定了。

師示：淨土心要的宗旨，在於讚嘆念佛功德，堅定念佛信願，決定生西明路，西方光明路的成佛大道，師父都指出來了，道理明了，信心堅定了，就要眞實放下，全心念佛，求生淨土，成佛度眾。阿彌陀佛，阿彌陀佛，阿彌陀佛。

◎淨土心要，是師父念佛本願力，學佛念佛，最要眞修實證，事理圓融，依教奉行，老實念佛。淨土心要，是眞實用功，實修心要，當深記於心，時時長養思惟，對境才能起妙用，才能轉萬境，堅信心。若要廣明教理，可廣閱經教，不須師父多講。眞心實修，念佛爲要。

阿彌陀佛。同生西方

阿彌陀佛

同成佛道。阿彌陀佛

平凡道人一念佛僧傳融開示．八十四年春。

問：請示師父，何謂禪淨雙修。

師示：智者雙修，愚者雙廢，禪淨一體，無二無別。禪人深怕自力不足，兼修淨土，求願生西，可謂禪淨雙修，是因自力不能斷惑證眞，了脫生死，必仗佛力之故。若修淨土，專持一句佛名，念至一心不亂，得禪定，開智慧，悟無生忍，解第一義，亦可謂有禪有淨。故智者猛利，一念放下，心空見佛性，即是無上深妙禪，非謂修淨土之人，另加參禪，是知禪未能兼淨，而淨可兼禪，此是所謂，智者雙修之理。愚者以爲空談死坐爲禪，口念心亂爲淨，雖言參禪，實非上智利根，雖說修淨，終日妄想顛倒，此是愚者雙廢。學佛目的，爲了生死，生死苦海，惟佛能度，念佛人，應常念生死極苦，世事無常，一心念佛，求生淨土。參禪人，更應深明斷惑證眞之理，自力不足，須仗佛力，方爲穩

阿彌陀佛

當。

問：念佛修淨土，能開悟否。

師示：禪人參一句無義味話頭，疑到極點，萬念具寂，專注一境，都能深入禪定，開悟見性。念佛念一句萬德洪名，信到極點，萬境空寂，專注一境，不動不亂，當然能深入禪定，開悟見佛見性。佛法平等，無有高下，悟與不悟，全在善根深淺，不關修何法門。念佛人，若宿根成熟，智慧廣大，深信圓解，全心投入，一念單提，功夫純精，山窮水盡，一念頓空，徹見佛性，大徹大悟，臨終往生上上品，金剛臺，即是念佛修淨土，現生開悟，心開見性，華開見佛。

問：有法師說，臨終佛來接引，不可心動歡喜，若生歡喜會著魔，請師父開示。

師示：諸法雖空，空而不空，依緣而起。住相雖非究竟，並非沒有方便。若修禪觀，旨在見性，故須掃一切相，惟觀一心，不生不滅，不住不求，應化身

阿彌陀佛

佛，亦是有相，故亦不動，空一切相，方能見性。念佛行者，若念到心空見性，也一樣心佛兩亡，光明不動，也是離相見性。所不同者，禪人悟後，稱性起修，生生死死，長劫苦行，方了生死，成佛道。念佛宗旨，在生西成佛，念佛人悟後，稱性起修，臨終蒙佛接引，往生西方，永不退轉，直成佛道。既然念佛人，一生精進，勤苦念佛，就是要見佛光明相好，仗佛威神，往生淨土，故臨終見佛來引，當然歡喜踴躍，隨佛歸西，佛力加被，一切光明，決無魔事。

問：師父：爲什麼要求生西方。

師示：求生西方，仗佛本願，威神之力，一切清淨，安樂自在，境緣勝妙，永不退轉，直成佛道。娑婆濁世，生死輪迴，世界無常，天災地變，生老病死，邪師惡友，生活奔波，無量眾苦，障礙修行，容易退轉，難成佛道。西方淨土，蓮華化生，壽命無量，沒有生死老病之苦，世界七寶莊嚴，沒有無常變壞之苦，阿彌陀佛，菩薩聖眾，一切清淨，衣食自然，安樂自在，眞心念佛人，覺悟世間眾苦，所以求生西方，極樂世界。

問：念佛爲什麼要迴向。

師示：迴向：是發願求生西方，願成佛道，廣度眾生，若念佛不願生淨土，還會在六道生死中，輪迴受苦，念佛人，二六時中，念念厭離世間，心心欣向西方，一心求願往生，成佛度眾，並於早晚，每日向佛發此心願，就叫迴向。

問：無所得，一切皆空，道不在修，還要念佛生西否？空有之間，如何圓融。請師父指點迷路。

師示：佛説空理，爲破有執，若又著空，即是空執。眞如佛性，非從外得，本性具足，非從修來，但能放下妄執，自顯佛性，如鍊礦成金，金本在礦中，非由外得。諸法仗緣而起，虛幻非實，故曰皆空，一切皆空，是要覺悟諸法如夢，不去貪著妄想，不是叫人

阿彌陀佛

不用念佛生西，佛說畢竟空，不捨一切有，若捨方便法，難成究竟道。如金雖在礦中，若不假火鍊，難成眞金，佛性清淨，具足一切恆沙功德，若不假念佛生西，長劫修行，難成佛道。故知佛說空說有，乃應機對治，破執開慧之善巧方便，能從空出假，常歸中道，是見性悟後的修行境界，未悟之人，當依事相老實念佛，空理是要從實修眞悟方能徹見，故要精進念佛，否則教理看多聽多，聞而不思不修，反而執著文字，障礙道業。

問：若一味談空執心，後果如何？

師示：空談執性之人，由此斷滅邪見，當永墮生死，受無量苦，不得解脫，若說此邪理，迷惑眾生，斷人慧命，障人正道，死後當墮地獄，受無量苦，奉勸世人，依佛聖教，老實念佛，求生淨土，萬莫執性廢修。

問：生死海中，行菩薩道，更要求生西方否？

師示：菩薩是智者覺者，智者所行，常修中

阿彌陀佛

道，自他一如，不偏不廢，發菩提心，自度度人，就是菩薩，但初心菩薩，應親近佛，成就正等正覺，才能化身十方，廣度眾生，故念佛人，生死心切，悲願廣大，求生西方正是爲行菩薩道。

問：法師如此精進念佛，不知證何境界，有何消息。

師示：佛法以智慧願力，自度度人，修行的心境，惟有自心明了，不須向外人談論，家裡人方知家裡事，師父只是很平凡，很平凡的念佛修道人，念佛的目標，是臨終隨佛歸西，往生成佛，修行歷程，一切境界，如路邊花草，過眼雲煙，一過即空，不稍一顧，惟有一生，專精念佛，畢命爲期，直至臨終，往生淨土，才是師父念佛本願。

問：現在世人提倡人間淨土，師以爲如何。

師示：眾生心未淨，如何能淨國土，世間如此惡濁，師父厭到極點，直往西方，

阿彌陀佛

世人如何，不管他們。若是真心念佛，念到一心不亂，心地清淨，一塵不染，開大智慧，一定會覺悟世間無常，厭離人間，求生西方淨土，世人不知厭離濁世，求生淨土，就是沒有覺悟，沒有道心，徹底遠離。

問：請師父開示，如何才能堅定念佛道心。

師示：深信念佛功德，要有深厚的善根願力，師父常讚嘆念佛光明，一切清淨，就是深信佛力，念佛人，若真發菩提心，全心向佛，一心求道，深信佛力，直往西方，一定會放下一切，不顧一切，全心投入。智者念佛，深悟實相妙理，空有一如，理事圓融，深入經藏，了知佛說空說有，說性談修，都是應機施教，權巧方便，究竟眞理，本無法可說，佛說諸法空相，是對上根利智的久修大乘菩薩，能觀諸法實相。令其離相見性，斷惑證眞，成就佛道。佛說相好光明，淨土勝妙，神通佛力，是對淺信根鈍的眾生，能仗佛攝受，接引往生淨土，因眾生無智淺信，若聞空理，反退信心，故說妙有，令其漸進。現世眾生，正是淺信無智，不能頓悟實相真空之理，所以修行不得解脫，惟依念佛得度生死。若能如是深入思惟，世間修行之苦，斷惑證真之難，極樂淨土之勝妙，念佛生西之安穩，真有道心者，必然深信堅定念佛。

問：見師父鬚髮長長，就想到古德高僧，蓬頭垢面，不飾外表，但現在很難見到了。

師示：古德高僧，善根深厚，不求名利，一心修行。眞心念佛的修道人，全心投入，不顧一切，不爲人忙，爲自身裝飾，貪愛分心計較，也是爲人忙，學道之人，不只身外一切財物名利要放下，連身心世界都要放下，放到一塵不染，赤裸裸，光耀耀，到此萬念寂寂，全心內照功夫，才算是萬緣已放下。眞心念佛的大修行人，全心投入的修道人，並非刻意不剃鬚髮，而是精進勇猛，心無間斷，外表清閒，內心綿密，身心都放下，生死都不顧，那有閒功夫爲這臭皮袋計較分心，鬚髮就像山上的草木一樣，它要長出來，就隨它去長，只要不障礙道人修行，一切隨緣，智者修道，全在內心覺照用功，身體外表，一切都不重要。

問：如何念佛，才能決定往生。

師示：古人心純，而又老實。雖淺信無智，但能厭離苦海世間，深信佛力，淨土勝妙，一心願生西方，一生老實念佛，故能感佛接引，決定往生。世人不信佛力，又見下愚念佛亦得生西，故視淨土爲淺近，這正是阿彌陀佛本願威神之力不可思議。下愚雖無智慧，但能信願念佛，求生淨土，也是多善根福德，到淨土再漸進薰修，終有見性之日。現世眾生，心不純，又不老實，只學文字外表的愚學，口頭空談，不信佛法，不信佛力，不肯放下我愛我執，不老實念佛，或終日攀外緣，如此愚昧無知顛倒，還自以爲高人一等。佛法大海，信爲能入，智爲能渡，若無智又不信向，難得眞法益，奉勸念佛弟子，隨師父厭離世間，深信佛力，願生淨土，盡此一生，老實念佛，決定隨師父同生西方，同成佛道。

問：在末世邪說橫流中，要堅定念佛，實在不易。

師示：上根利智，願力廣大，能歷萬境而不動，智慧如大日輪，光明一照，無暗不消，若自無智慧，當依止善知識，眞誠依教奉行，不攀外緣，亦可清淨念佛，如古德隱居專修，與世隔絕，自不被邪師惡友所擾亂。明師善友實在太可貴了，我們一心念佛，求生西方，就是要去西方親近明師善友，阿彌陀佛是我們的大善知識，大導師，菩薩聖眾是我們的最上善友，極樂淨土的殊勝微妙功德，眞是不可思議。世間實在太苦，邪師惡友，俗情眷屬，五欲六塵，天災人禍，都時時障

阿彌陀佛

礙正道，智者覺悟，厭到極點，全心向佛，直往西方，一切清淨，安樂自在。

問：如何才算是，眞心念佛。

師示：眞正爲了脫生死，全心向佛，一心求道，深信佛力，直往西方，道理明白，目標確定，就要放下一切，全心投入，雖歷萬難萬苦，不動我念佛心，雖聞邪說俗言，不移我求生志願，才是眞心念佛人。若能深信佛力，決定蒙佛攝受加被，修行道上無論如何歷鍊，決定一路光明，怎麼鍊都在蓮華裡面，若念佛人不信佛力，還有絲毫有魔的妄想，就不算是眞心念佛。

問：有了師父的淨土心要開示錄，念佛就能堅定，不再隨人妄動顛倒，師父怎不早日開示。

師示：那是不可能的，師父念佛本願，雖是以念佛心自度度人，但一定要先成就自己，自己念佛心光明不動，心歸淨土，再隨緣利生，雖隨緣度人，還是

阿彌陀佛

一生默默念佛，自七十二年回山，發大誓願，全心念佛，誓證念佛三昧，一路埋頭苦修，那有心神爲弟子開示。如今由弟子的請法，因緣成熟，願此淨土心要，讚嘆念佛功德，廣利人天，同生淨土，同成佛道。

問：如何念佛，才能信心不退。

師示：念佛修淨土，善根、福德、因緣都要具足，道業才能精進，信心才不退失。深信佛法，深信佛力，爲了生死發菩提心，厭離濁世，求生淨土，是善根力。親近明師善友，衣食具足，閒居靜處，萬緣放下，一門深入，是福德。善根是正因，福德是助緣，因緣具足才堪於薰修，念佛人要明了薰修的道理，如臭衣服洗淨之後，用香不斷的薰，薰久了臭味消除，變成香淨的衣服。念佛人本是滿心貪染顛倒，將萬緣放下之後，親近三寶不斷薰修，薰久了妄想執著轉爲智慧光明。所以要念佛相續，日日時時，不可間斷，自可精進不退。最可怕的障

阿彌陀佛

礙是攀緣，若不念佛，心攀外緣，如臭衣服不洗不薰，則永無香淨之日。寧可山林閒坐，決不往外攀緣。

問：師父生死心切，念佛堅定，有何宗旨。

師示：師父一生，深信淨土，深信佛力，修行道上，當然有我的宗旨目標。1.依佛經祖語爲明燈，遠離邪說邪見之人2.依阿彌陀佛極樂世界爲歸宿，圓信八宗而專精念佛3.念佛生西目標肯確，決不被人所動4.看破世間，厭離五欲俗情，決不為境所遷5.雖知眾生邪惡顛倒，惟照自心，極力念佛，求生淨土，決不要求他人，決不為人分心。6.邪師惡人，不信佛法，不老實念佛，攀緣名利之徒，徹底厭離，默默念佛7.念佛修慧，志在西方，布施修福，願在成佛，全力自度，隨力度人。8.種種苦行，磨鍊心志，安穩念佛，全心投入，只要生活安穩，一切決無所求9.一生畢命為期，心空一切，默默念佛，以德化眾，不願多講

阿彌陀佛

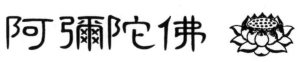

10.堅定自心，成就自道，不管別人，不爲人忙11.爲成佛道，不顧一切，爲生淨土，全心投入12.時時觀察，世間無常，生死極苦，厭到極點，直往西方。

問：將心求悟終不悟，將心求一終不一，是何道理。

師示：悟道見性與一心不亂，是眞修內證功德，不是用我的妄心去求幻境。悟道和一心不亂，是學佛修行目標，但眞剋期取證，一定要萬緣放下，一念單提，連求悟求一之心也是外緣，也要放下，才能成就。

問：念佛人何以心常歡喜，安穩快樂。

師示：眞心念佛之人，放下一切的妄想貪著，念佛光明，心無所求，深信佛力，蒙佛加被，前途一片光明，臨終有西方可依歸，有佛菩薩可親近，蓮華化生，清淨自在，遊十方佛淨土，來去自如。仗佛願力，永斷生死苦，永得清淨安樂，當然心常歡喜。

問：念佛人開悟見性，淨土現前，還要求

阿彌陀佛

生西方否。

師示：當然要求生西方，而且求生西方的願力，已達到堅定不動境界，念佛宗旨，在生淨土，見佛成佛，若智者念佛，現生開悟見性，心開見佛性，臨終往生西方上上品，功德勝妙，不可思議。念佛法門之殊勝穩當，全仗阿彌陀佛本願攝受，加被功德，臨終蒙佛接引，往生佛淨土，才能一生了斷生死，永出輪迴，所以念佛現生大徹大悟的大修行人，智慧廣大，信願堅定，厭離世間，直歸西方，如如不動。

問：看過師父的淨土心要，如暗路明燈，甘露灌頂，深信念佛功德，今生一定要跟師父同生西方，今後念佛更堅定專精。

師示：現在有了宗旨目標，就要放下萬緣，精進念佛，想什麼、講什麼都是妄想，沒有用，惟有極力念佛，提起一句阿彌陀佛，直心直念，不可間斷，不可雜語，如是二六時中，精進念佛，堅定信願，臨終決定生西，要知佛法一切的教理、淨戒、禪定、智慧、全靠內心，眞修實證，決不是用空談的，而佛法一切戒定、智慧、善淨、功德，全歸納於一句阿彌陀佛，萬德洪名之中。可知只要將一句阿彌陀佛，念到一心不亂，親證事理一心，念佛三昧，就能具足六度萬行，一切善淨解脫功德，臨終決定蒙佛接引，一生淨土，永不退轉，直成佛道，菩提道上，一片光明，清淨安

阿彌陀佛

穩。阿彌陀佛的本願功德，眞是不可思議，我們深信佛力的念佛弟子，是何等的慶幸可貴，感恩佛陀的慈悲本願，我們今生就要歸西了，到西方見佛成佛了，道友！西方淨土，決定相會。

◎一句阿彌陀佛，看似容易，行之最難，隨口散心，念個幾句佛號，連小徒弟都會念，但要把無量劫來所貪著不捨的五欲六塵，俗情眷屬，乃至身的我執和心的法執，一切緣境都要徹底放下，行住坐臥，一切時中，單單提起一句阿彌陀佛，萬境空寂，全心內照，念到心空佛亦亡。明心見性，大徹大悟，心歸淨土，如如不動，那就惟有宿慧深厚，大智大願的大修行人才做得到，猶如香象渡河，一踏到底，豈是小兔能行，故知世人輕視淨土之人，根本就不信佛法，無知愚昧，沒有善根，智者念佛，一門深入，但能圓解圓信，不偏空有，不廢他宗。

◎一句阿彌陀佛，別無巧妙，專貴在，直心直念，二六時中，不管定念、散念，鬧忙動靜，會得會不得，一切都莫分心，單提一句佛名，只有念佛，不想一切，忘了、想到就念，如行萬里路，步步踏實，往前直走，走久了，就有到家之日。句句佛名，自念自聽，只要字句分明，日久自能打成一片，每日念佛，不攀緣，不雜話，功夫就會精進。有了法喜，就自然很想念佛，若念到一心不亂，就自然萬緣空寂，只想念佛。

◎念佛功夫，隨各人善根，深淺不同，心境也有深淺不同。1.沒善根——不覺悟世間無

阿彌陀佛

常，不信念佛，不想念佛2.少善根－知道世間很苦，對念佛半信半疑，有念佛，而心不專，行善修福心住相，求人天有漏福，難免生死輪迴苦3.多善根－知道世間很苦，深信佛法，念佛功德，深信極樂淨土，清淨安樂，厭離生死苦，欣向西方樂，一聞淨土，信願不退，很想念佛，一心求佛，求生西方，臨終有明師蓮友助念，心不顛倒，隨佛歸西。4.大善根－覺悟世間苦空無常，深信念佛光明解脫，身心萬緣一切放下，專精執持，萬德洪名，以念佛心，入無生忍，修福度眾，心不住相，心佛感應，不可思議，臨終歸西，一登上上品。

◎念佛修道之人，要時時觀照自心，遇境逢緣，考驗自心。1.順境安樂之時，有沒有時時覺悟世間是無常的，知厭離是西方，貪染是地獄2.苦逆境界現前，有沒有覺悟世間是苦的、無常的，知厭離念佛是西方，貪染求境是地獄3.對財貪染否？能不動否？貪是地獄，厭離是西方4.對色貪染否？厭離了是西方5.名利貪染否？厭離了

阿彌陀佛

是西方6.不貪食的口味，不貪睡否？放下是西方7.俗情眷屬都放下否？放下是西方。念佛人欲得決定往生，當時時對境驗證自心，若眞厭離五欲俗情，一定心歸淨土，若自覺念佛信不深，願不切，就是沒有眞實厭離濁世，若眞放下，一定深切專精，決定往生西方。生死事大，豈可懈怠，縱心所欲乎。

◎念佛修行，心要切，不能急，切是眞實放下，精進念佛，步步踏實，切實用功，如細水長流，不間不斷。急是沒有眞實放下，沒有眞心念佛，空急無用。念佛人，若眞爲了生死，五欲六塵，俗情眷屬，都放下了，就是堪以薰修，再進一步，不散心，不雜話，時時提起佛號，一心念佛，善根慢慢增長，信願就漸堅定，一生老實念佛，決定蒙佛接引。

問：可否發願早日往生，或和道友同時往生。

師示：可發此願，但莫強求，應將全部心力，用在平日，念佛精進，若世緣已盡，往生因緣成熟，決定蒙佛接引，今生決定同生西方。

問：請示師父，爲何許多修行人，閉關多年，不得成就。

師示：能不能成就，要看各人的根機，若善根深厚，智慧猛利，一念放下，即證三昧，一念覺悟，虛空粉碎，全心投入，自在無礙，不須閉關，亦能都攝六根，淨念相續。若閉關多年，未得親證，是善根未成熟，沒有眞實放下，放下在心，不在外相，心未放下，只關那個臭色身，有什麼用。若眞放下，全心內照，一切時中，綿密念佛，對境無心，自然不動，境塵擾擾，我心寂寂，每日上街買水果，猶如獨步萬里天。

問：念佛人有沒有說，一定要修苦行，不倒單。

師示：佛法所修的苦行，是善根成熟，覺悟放下，厭離世間，無欲無求，一心念佛，隨緣度日，自然生活，外相就顯得很清淡，很平凡，很簡樸，完全是智慧願力，所自然流露，不是刻意要如何如何，去折磨色身，還是放下萬緣，眞實念佛，最穩當。念佛人，要將全部精力，投入一句阿彌陀佛，才會有成就，莫打無益妄想，若沒有眞心念佛，苦行苦到死，也不得解脫，要深信念佛功德，深信念佛，即得解脫，欲解脫，惟依念佛。厭離塵勞，不貪不求，一心念佛，才是解脫的智慧，眞實的心地功夫，才是道的根本，不要在不關緊要的枝末外相上團團轉。一日的精進念佛到晚間，眞正累了就養息，好好睡覺，睡飽、精神養足了，次日又是一天的精進念佛，如滴水穿石，細水長流，綿綿密密，日日年年，精進不斷，才是真功夫，若身累不養息，坐著昏沈，心無淨念，終日散亂，與道無益，沒有心地眞智慧，是經不起境界考驗的。

問：道在平常日用中，是何道理。

師示：外相平凡，內心具大智慧，對境不惑，心能轉境，生活隨緣，心常自在。外現塵勞，心常清淨，遇境逢

阿彌陀佛

緣，時時覺照，不落凡情，全是聖智。

問：請示師父，什麼是念佛人的持戒根本。

師示：厭離世間苦，不造諸惡業，就是念佛人的持戒根本。眞覺悟世間無常，生死極苦，一定會極力念佛，清淨自心，求生淨土，造業受苦的根本是心，而助長造業受苦的緣，是外境聲色，惟有念佛，念到清淨覺醒，心空自在，才能無持而持，無念而念，心地光明，眾戒圓持。也惟有往生淨土，才能遠離五欲濁境之障緣，永不退轉，永不犯戒，這又是念佛功德的勝妙。若只有持身口不犯，而心常顛倒犯戒，或不信念佛，不生淨土，就不算是清淨戒行，智者念佛，能持心地戒，徹底空掉造業受苦的妄執，才能斷惑證眞，成就菩提正道。

問：觀經十念往生，與無量壽經十念，是否相同。

師示：不論十念一念，都要平日，精進念

佛，深信佛力，切願求生，一心念佛，正念分明，決定往生。臨終十念、一念、是淨業成熟，故能一聞深信，正念往生，念佛光明，直往西方，蓮開見佛，得大自在。

問：可不可以用拜佛，當運動調身。

師示：修行不論禮拜，誦念、貴在放下身心，全心貫注，至誠恭敬，才有解脫功德，若有絲毫分心貪著，就不清淨。若欲調身，可在每日清晨行之，身動心念佛，是以道爲重，身動心散亂，就不相應。遇到蓮友往生，應隨緣助念，助人念佛往生，這叫隨緣。若無緣而到處攀緣奔波，必會散亂傷道。平日要放下外緣，一心念佛，才能成就淨業。

問：請師父開示，何謂行解並進，福慧雙修。

師示：依文字起觀照，由觀行證實相。看經聞法，聽善知識開示，是解門。依此道理，在日常生活中，觀照思惟，一心念佛，是行門。如佛說世間無常，

阿彌陀佛

知道此理之後，遇境逢緣，時時觀察，東家死，西家病，天災地禍，眞是無常，而內心覺悟放下，念佛求生西方，漸次修行，成佛解脫。由正見，修正道，一心念佛，求生淨土，即是修慧。隨力隨緣，廣修六度萬善，利益眾生，是修福。但現世修行人，一味攀緣，修人天有漏福，完全不修慧業，終日散亂顛倒，喜好熱鬧，不喜寂靜，這是眾生墮落的現象。

阿彌陀佛

國家圖書館出版品預行編目資料

淨土心要 1：普勸同生西方／傳融法師著. -- 1 版. --
新北市：華夏出版有限公司, 2022.10
冊；　公分. --（Sunny 文庫；263-264）
ISBN 978-626-7134-47-4（第 1 冊：平裝）. --
ISBN 978-626-7134-48-1（第 2 冊：平裝）
1.CST：淨土宗

226.55　　111011781

Sunny 文庫 263
淨土心要 1：普勸同生西方

著　　作　傳融法師
印　　刷　百通科技股份有限公司
　　　　　電話：02-86926066　傳真：02-86926016
出　　版　華夏出版有限公司
　　　　　220 新北市板橋區縣民大道 3 段 93 巷 30 弄 25 號 1 樓
　　　　　電話：02-32343788　傳真：02-22234544
E-mail：　pftwsdom@ms7.hinet.net
總 經 銷　貿騰發賣股份有限公司
　　　　　新北市 235 中和區立德街 136 號 6 樓
　　　　　電話：02-82275988　傳真：02-82275989
　　　　　網址：www.namode.com
版　　次　2022 年 10 月 1 版
特　　價　新台幣 420 元 (缺頁或破損的書，請寄回更換)

ISBN：978-626-7134-47-4

《淨土心要》由傳融法師授權華夏出版有限公司出版